HF195023

Impressum
Verlag: BABADADA GmbH, Nedderfeld 112 , 22529 Hamburg
Geschäftsführer / Verlagsleitung: Harald Hof
Druck: Books on Demand GmbH, In de Tarpen 42, 22848 Norderstedt

Imprint
Publisher: BABADADA GmbH, Nedderfeld 112 , 22529 Hamburg, Germany
Managing Director / Publishing direction: Harald Hof
Print: Books on Demand GmbH, In de Tarpen 42, 22848 Norderstedt, Germany

1

School
mokykla

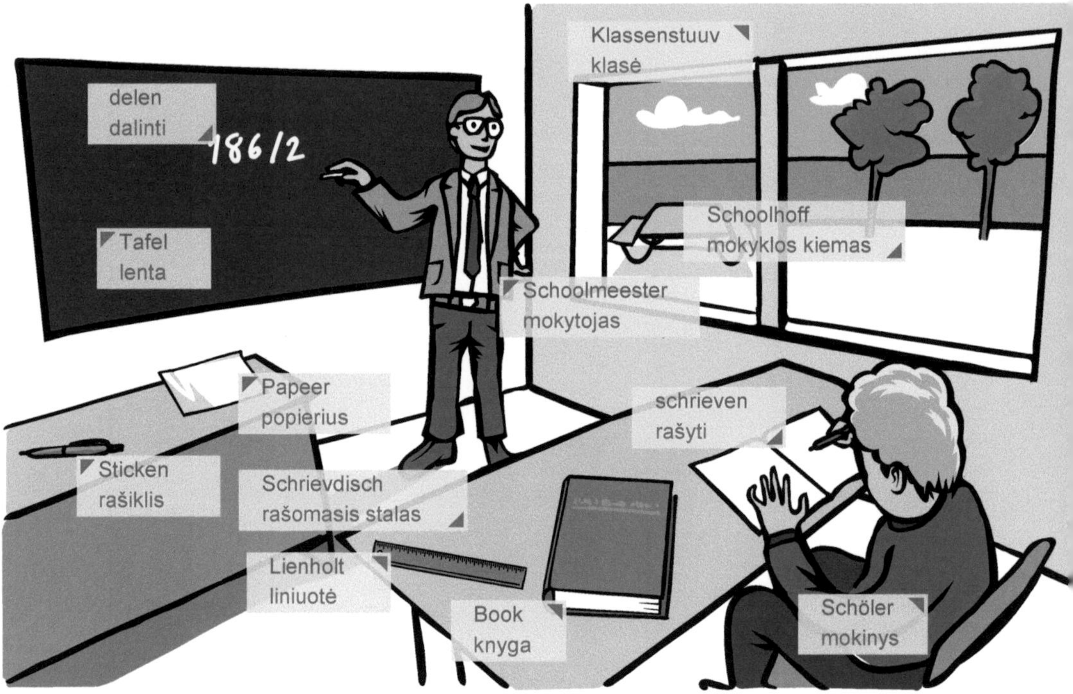

Klassenstuuv
klasė
delen
dalinti
186/2
Tafel
lenta
Schoolhoff
mokyklos kiemas
Schoolmeester
mokytojas
Papeer
popierius
schrieven
rašyti
Sticken
rašiklis
Schrievdisch
rašomasis stalas
Lienholt
liniuotė
Book
knyga
Schöler
mokinys

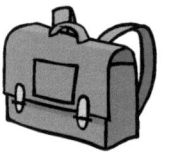

Ranzel

kuprinė

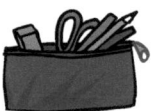

Feddermapp

penalas

Bleesticken

pieštukas

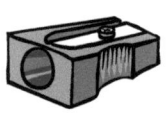

Scharpmaker

drožtukas

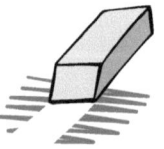

Radeergummi

trintukas

Tekenblock

piešimo bloknotas

Teken

piešinys

Pinsel

teptukas

Malkassen

dažų dėžutė

Scheer

žirklės

Klever

klijai

Heft to'n Öven

vadovėlis

Huusopgaav

namų darbai

Tall

numeris

Heft to'n Öven

tohooptellen

pridėti

aftrecken

atimti

malnehmen

dauginti

reken

skaičiuoti

Bookstaav

raidė

ABC

abėcėlė

Woort

žodis

Text

tekstas

lesen

skaityti

Kried

kreida

Stunn

pamoka

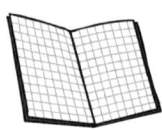

Klassenbook

dienynas

Pröven

egzaminas

Tüügnis

pažymėjimas

Schooluniform

mokyklinė uniforma

Utbillen

išsilavinimas

Nakieksel

enciklopedija

Universität

universitetas

Mikroskop

mikroskopas

Koort

žemėlapis

Papeerkorf

šiukšliadėžė

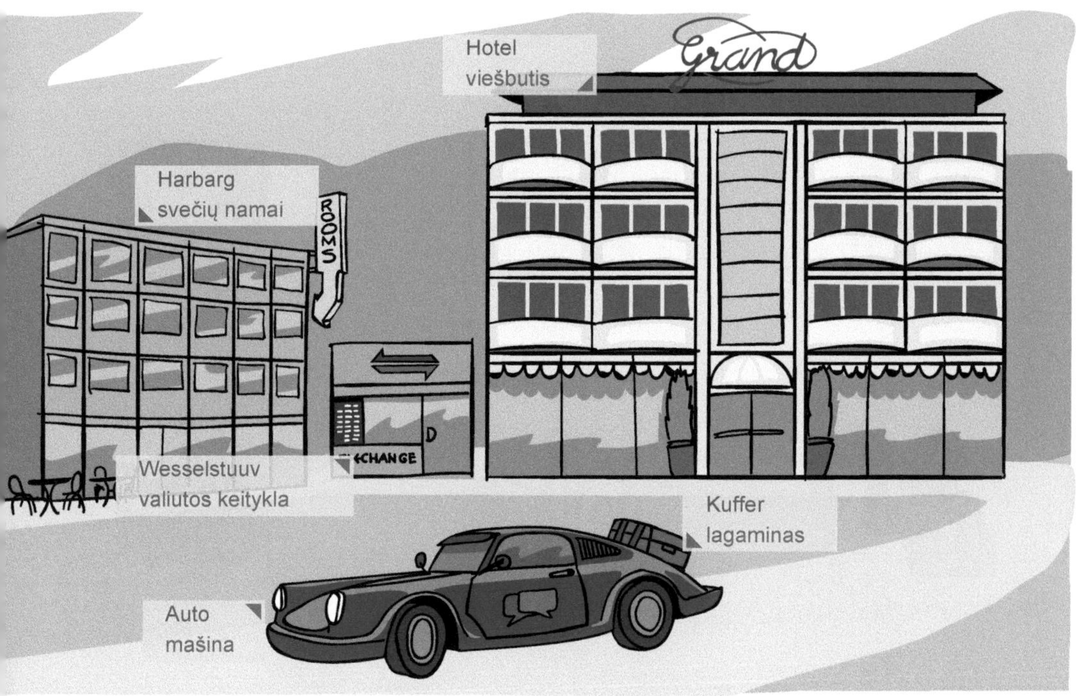
Hotel
viešbutis
Grand
Harbarg
svečių namai
ROOMS
Wesselstuuv
valiutos keitykla
EXCHANGE
Kuffer
lagaminas
Auto
mašina

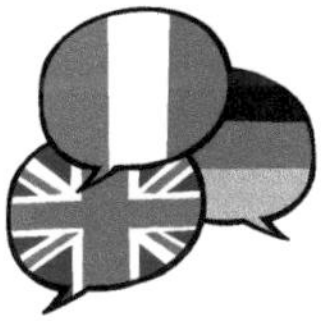

Spraak

kalba

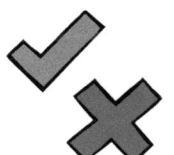

jo / ne

taip / ne

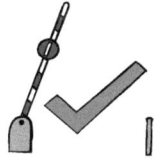

Jo

Gerai

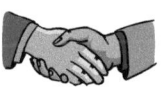

Moin

sveiki

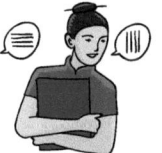

Översetter

vertėjas raštu

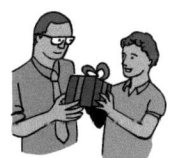

Dank ok

Ačiū

Wat kost...?

kiek kainuoja...?

Ik verstah nich

aš nesuprantu

Problem

problema

Goden Avend

Labas vakaras!

Moin!

Labas rytas!

Gode Nacht!

Labos nakties!

Tschüüs

viso gero

Richt

kryptis

Bagaasch

bagažas

Tasch

krepšys

Rüchsack

kuprinė

Gast

svečias

Stuuv

kambarys

Slaapsack

miegmaišis

Telt

palapinė

Touristeninformatschoon

turizmo informacija

Strand

paplūdimys

Kreditkoort

kreditinė kortelė

Fröhstück

pusryčiai

Meddageten

pietūs

Avendeten

vakarienė

Fohrkort

bilietas

Fohrstohl

liftas

Breefmark

pašto ženklas

Grenz

siena

Toll

muitinė

Bottschop

ambasada

Visum

viza

Pass

pasas

Transport
transportas

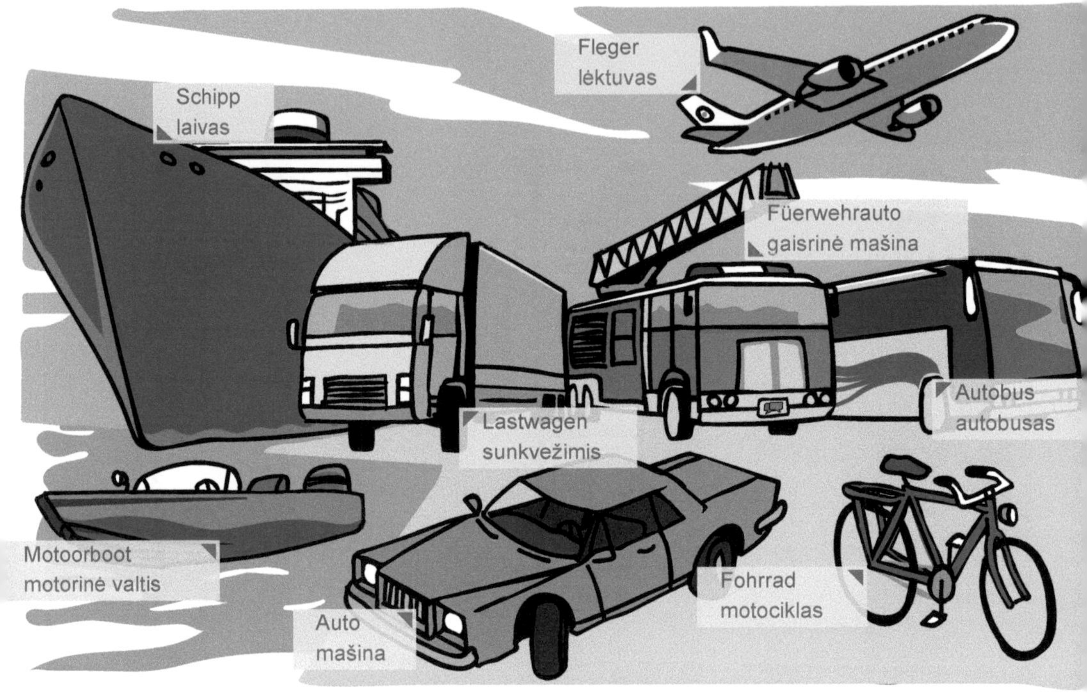
Fleger
lėktuvas
Schipp
laivas
Füerwehrauto
gaisrinė mašina
Autobus
autobusas
Lastwagen
sunkvežimis
Motoorboot
motorinė valtis
Fohrrad
motociklas
Auto
mašina

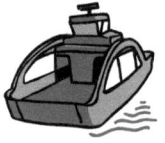

Fähr

keltas

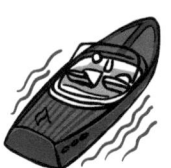

Boot

valtis

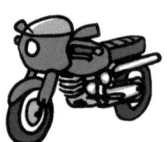

Motoorrad

mopedas

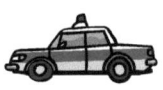

Polizeiauto

policijos automobilis

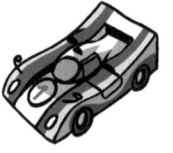

Rönnauto

lenktyninis automobilis

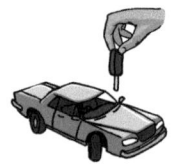

Lehnwagen

nuomojamas automobilis

Carsharing

bendras automobilio naudojimas

Afsleepwagen

techninės pagalbos automobilis

Müllauto

šiukšliavežė

Motoor

variklis

Kraftstoff

degalai

Tanksteed

degalinė

Verkehrsschild

kelio ženklas

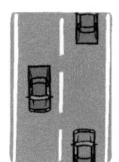

Verkehr

eismas

Stau

eismo spūstis

Afstellplatz

mašinų stovėjimo aikštelė

Bahnhoff

traukinių stotis

Sporen

bėgiai

Tog

traukinys

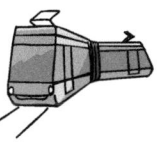

Stratenbahn

tramvajus

Wagon

vagonas

Dwarsmöhl

sraigtasparnis

Flooghaven

oro uostas

Tower

bokštas

Fohrgast

keleivis

Grootkist

konteineris

Karton

dėžė

Koor

vežimėlis

Korf

krepšys

starten / lannen

pakilti / nusileisti

Stadt

miestas

Dörp

kaimas

Binnenstadt

miesto centras

Huus

namas

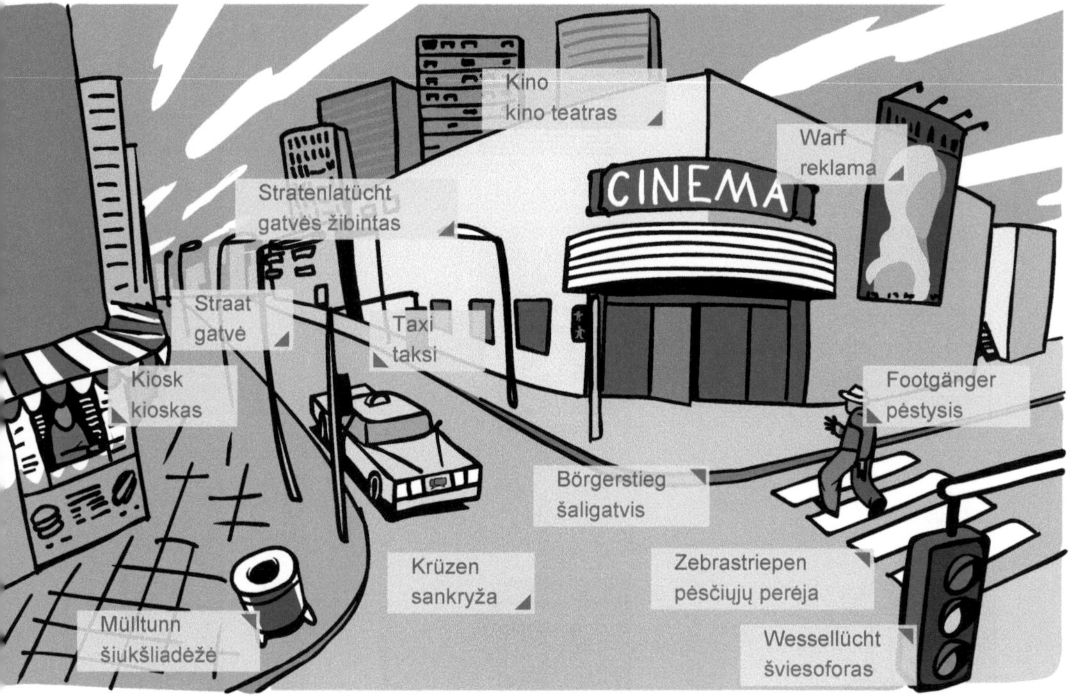

Kino
kino teatras

Warf
reklama

Stratenlatücht
gatvės žibintas

CINEMA

Straat
gatvė

Taxi
taksi

Kiosk
kioskas

Footgänger
pėstysis

Börgerstieg
šaligatvis

Krüzen
sankryža

Zebrastriepen
pėsčiųjų perėja

Mülltunn
šiukšliadėžė

Wessellücht
šviesoforas

Hütt
trobelė

Wahnung
butas

Bahnhoff
traukinių stotis

Raathuus
rotušė

Museum
muziejus

School
mokykla

Universität
universitetas

Bank
bankas

Krankenhuus
ligoninė

Hotel
viešbutis

Afteek
vaistinė

Büro
biuras

Bookhökerie
knygynas

Hökerie
parduotuvė

Blomenhökerie
gėlių parduotuvė

Supermarkt
prekybos centras

Markt
turgus

Koophuus
universalinė parduotuvė

Fischhökerie
žuvies parduotuvė

Inkoopszentrum
prekybos centras

Haven
uostas

Stadt - miestas

Parkanlaag

parkas

Bank

suoliukas

Brüch

tiltas

Trepp

laiptai

Ünnergrundbahn

metro

Tunnel

tunelis

Busstoppsteed

autobusų stotelė

Bar

baras

Spieslokal

restoranas

Breefkassen

lauko pašto dėžutė

Stratenschild

kelio ženklas

Parkklock

parkomatas

Deertenpark

zoologijos sodas

Baadanstalt

baseinas

Moschee

mečetė

Buernhoff

ūkininko ūkis

Ümweltversmudden

tarša

Karkhoff

kapinės

Kark

bažnyčia

Speelplatz

žaidimų aikštelė

Tempel

šventykla

Landschop
kraštovaizdis

Blatt
lapas

Wiespahl
kelio rodyklė

Weg
kelias

Wisch
pieva

Steen
akmuo

Boom
medis

Wannerer
ėjikas

Fluss
upė

Gras
žolė

Bloom
gėlė

Daal

slėnis

Barg

kalva

See

ežeras

Holt

miškas

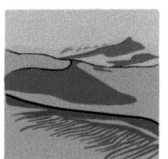

Wööst

dykuma

Füerspien Barg

ugnikalnis

Slott

pilis

Regenbagen

vaivorykštė

Poggenstohl

grybas

Palm

palmė

Steekmück

uodas

Fleeg

musė

Miegeemk

skruzdėlė

Imm

bitė

Spinn

voras

Sebber

vabalas

Pogg

varlė

Katteker

voverė

Swienegel

ežys

Haas

kiškis

Uul

pelėda

Vagel

paukštis

Swaan

gulbė

Wildswien

šernas

Hirsch

elnias

Elk

briedis

Staudamm

užtvanka

Windrad

vėjo jėgainė

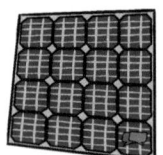

Solarmodul

saulės baterija

Klima

klimatas

Spieslokal
restoranas

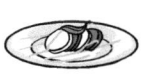

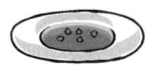

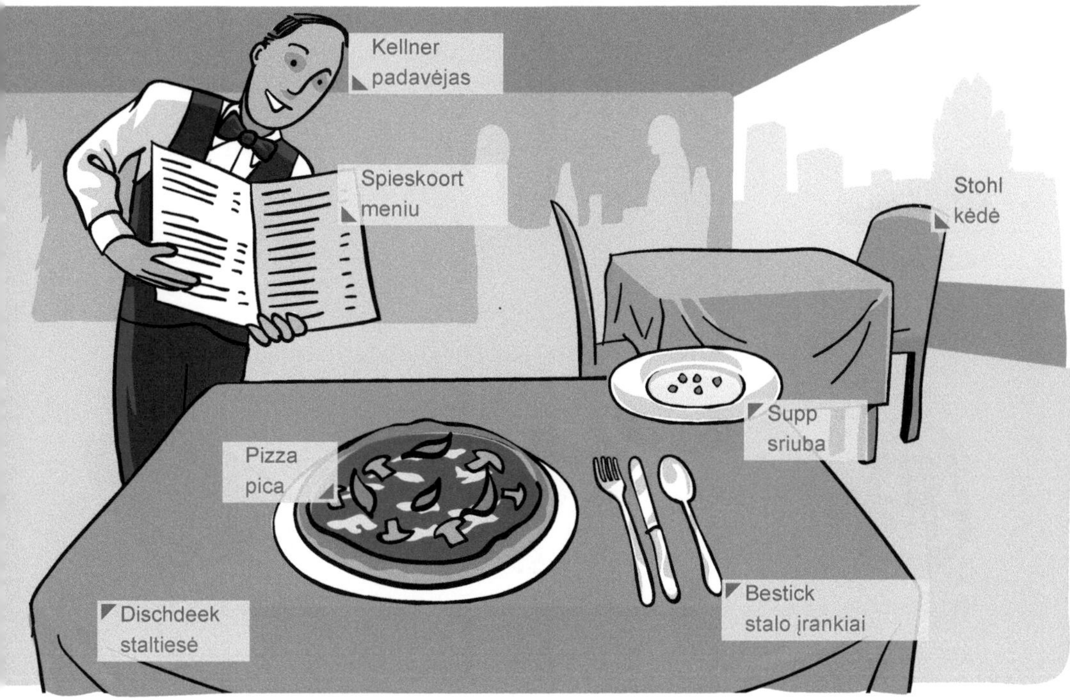
Kellner
padavėjas
Spieskoort
meniu
Stohl
kėdė
Supp
sriuba
Pizza
pica
Bestick
stalo įrankiai
Dischdeek
staltiesė

Vörspies
užkandis

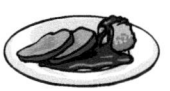

Haupteten
pagrindinis patiekalas

Nadisch
desertas

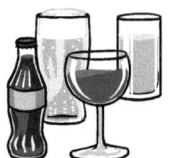

Drünk
gėrimai

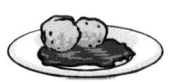

Eten
maistas

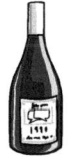

Buddel
butelis

Fastfood

greitai pateikiamas maistas

Strateneten

gatvės maistas

Teekann

arbatinukas

Zuckerdoos

cukrinė

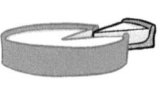

Portschoon

porcija

Espressomaschien

espreso aparatas

Hoochstohl

aukšta kėdė

Reken

sąskaita

Tablett

padėklas

Mess

peilis

Gavel

šakutė

Lepel

šaukštas

Teelepel

arbatinis šaukštelis

Munddook

servetėlė

Glas

stiklinė

Töller

lėkštė

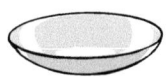

Suppentöller

sriubos lėkštė

Ünnertass

padėklas

Sooß

padažas

Soltstreuer

druskinė

Pepermöhl

pipirų malūnėlis

Etig

actas

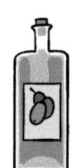

Ööl

aliejus

Krüder

prieskoniai

Ketchup

kečupas

Mostrich

garstyčios

Mayonnaise

majonezas

Supermarkt

prekybos centras

Anbott
specialus pasiūlymas
FOR
Kunn
pirkėjas
Melkprodukten
pieno produktai
Aaft
vaisiai
Inkoopswagen
troleibusas

BUTCHERS

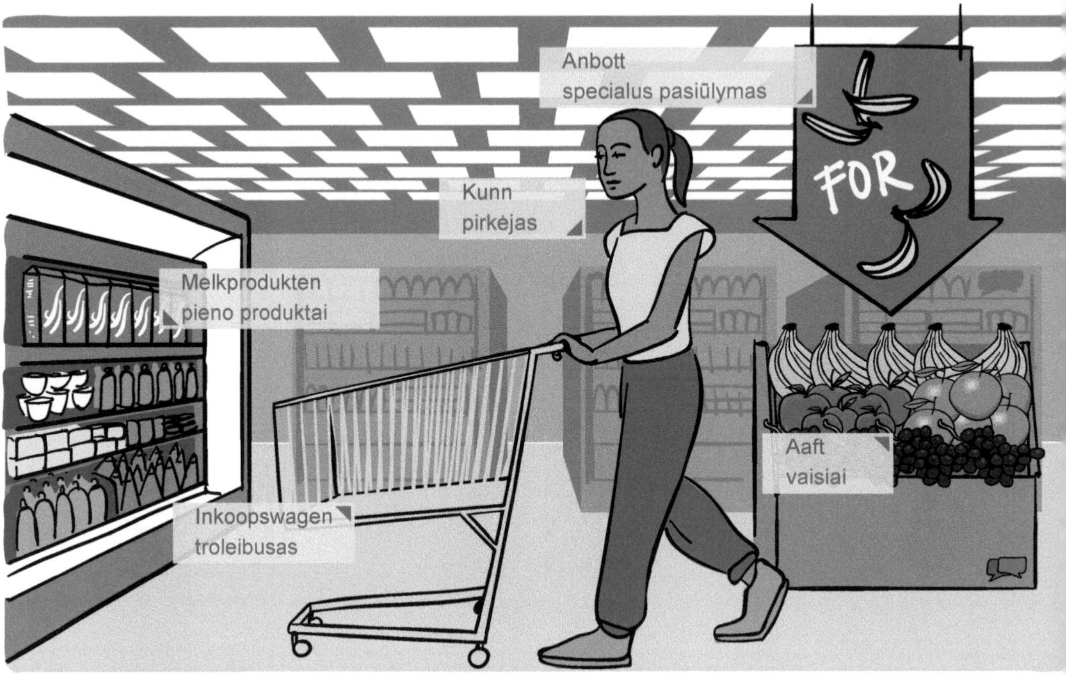

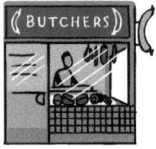

Slachterie

mėsos parduotuvė

BAKERY

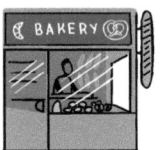

Bäckerie

kepykla

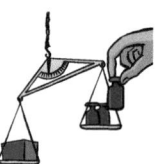

wegen

sverti

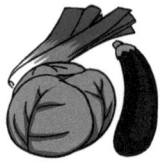

Gröönsaken

daržovės

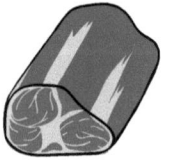

Fleesch

mėsa

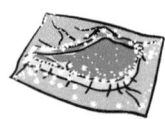

Deepköhlkost

šaldytas maistas

Opsnitt

šalti mėsos užkandžiai

Konserven

konservai

Waschmiddel

skalbimo milteliai

Snoopkraam

saldumynai

Huushooltssaken

ūkinės prekės

Reinmaaktüüch

valymo priemonės

Verköpersche

pardavėja

Kass

kasos aparatas

Kasserer

kasininkas

Inkoopslist

pirkinių sąrašas

Opsparrtieden

darbo valandos

Breeftasch

piniginė

Kreditkoort

kreditinė kortelė

Tasch

maišelis

Plastiktüüt

plastikinis maišelis

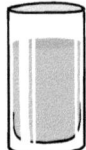

Water

vanduo

Saft

sultys

Melk

pienas

Cola

kola

Wien

vynas

Beer

alus

Spriet

alkoholis

Kakao

kakava

Tee

arbata

Koffie

kava

Espresso

espresas

Cappucino

kapučinas

Banaan

bananas

Appel

obuolys

Appelsien

apelsinas

Meloon

arbūzas

Zitroon

citrina

Wöttel

morka

Knuuvlook

česnakas

Bambus

bambukas

Zibbel

svogūnas

Poggenstohl

grybas

Nööt

riešutai

Nudeln

makaronai

Spaghetti

spagečiai

Ries

ryžiai

Salat

salotos

Pommes frites

traškučiai

Braadkantüffeln

keptos bulvės

Pizza

pica

Hamborger

mėsainis

Sandwich

sumuštinis

Snitzel

pjausnys

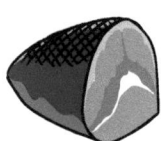

Schinken

kumpis

Salami

saliamis

Wust

dešrelė

Hohn

vištiena

Braden

kepsnys

Fisch

žuvis

Haverflocken

avižų dribsniai

Müsli

dribsniai su priedais

Cornflakes

kukurūzų dribsniai

Mehl

miltai

Croissant

prancūziškasis ragelis

Rundstück

bandelė

Broot

duona

Toast

skrebutis

Keksen

sausainiai

Botter

sviestas

Quark

varškė

Koken

tortas

Ei

kiaušinis

Spegelei

kiaušinienė

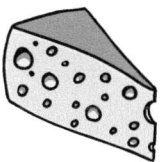

Kees

sūris

Ies
ledai

Zucker
cukrus

Honnig
medus

Marmelaad
uogienė

Nougat-Creme
tepamas šokoladas

Curry
karis

Buernhoff
ūkininko ūkis

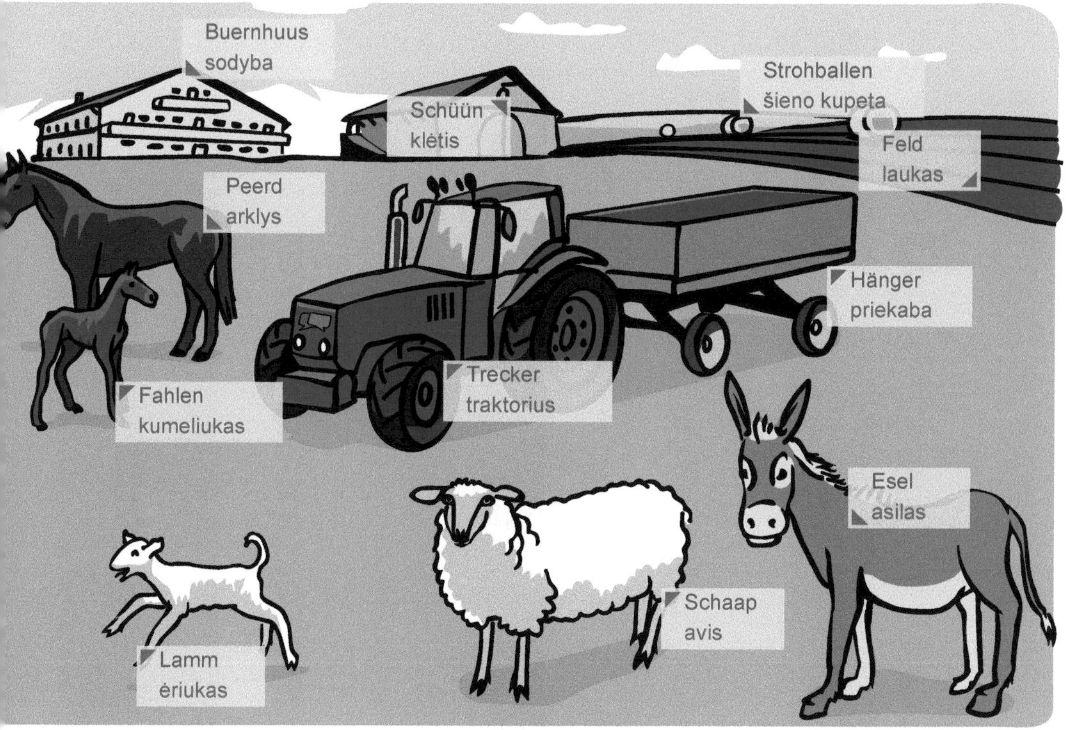

Buernhuus
sodyba
Schüün
klėtis
Strohballen
šieno kupeta
Feld
laukas
Peerd
arklys
Hänger
priekaba
Trecker
traktorius
Fahlen
kumeliukas
Esel
asilas
Schaap
avis
Lamm
ėriukas

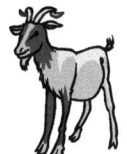

Zeeg

ožys

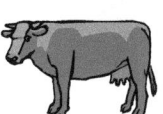

Koh

karvė

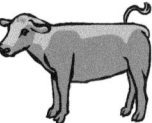

Kalf

veršis

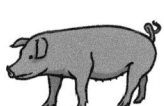

Swien

kiaulė

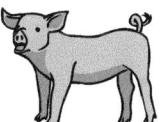

Farken

paršelis

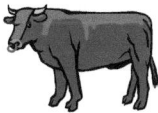

Bull

bulius

Goos

žąsis

Aant

antis

Küken

viščiukas

Hohn

višta

Hahn

gaidys

Rott

žiurkė

Katt

katė

Muus

pelė

Oss

jautis

Hund

šuo

Hunnenhütt

šuns būda

Goornslauch

sodo namas

Geetkann

laistytuvas

Lee

dalgis

Ploog

plūgas

Sich
pjautuvas

Hack
kauptukas

Mestfork
šakės

Ext
kirvis

Schuufkoor
statinė

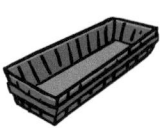

Trog
lovys

Melkkann
bidonas

Sack
maišas

Tuun
tvora

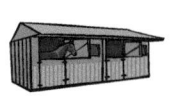

Stall
arklidė

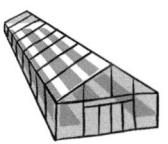

Drievhuus
šiltnamis

Bodden
dirva

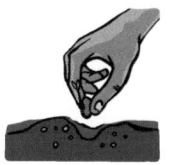

Saat
sėkla

Dünger
trąšos

Meihdöscher
kombainas

oornen
rinkti

Oorn
derlius

Yamswöttel
saldžiosios bulvės

Weten
kviečiai

Soja
soja

Kantüffel
bulvė

Törksche Weten
kukurūzai

Rapp
rapsai

Aaftboom
vaismedis

Troopsch Kantüffel
manijokas

Koorn
grūdai

Huus
namas

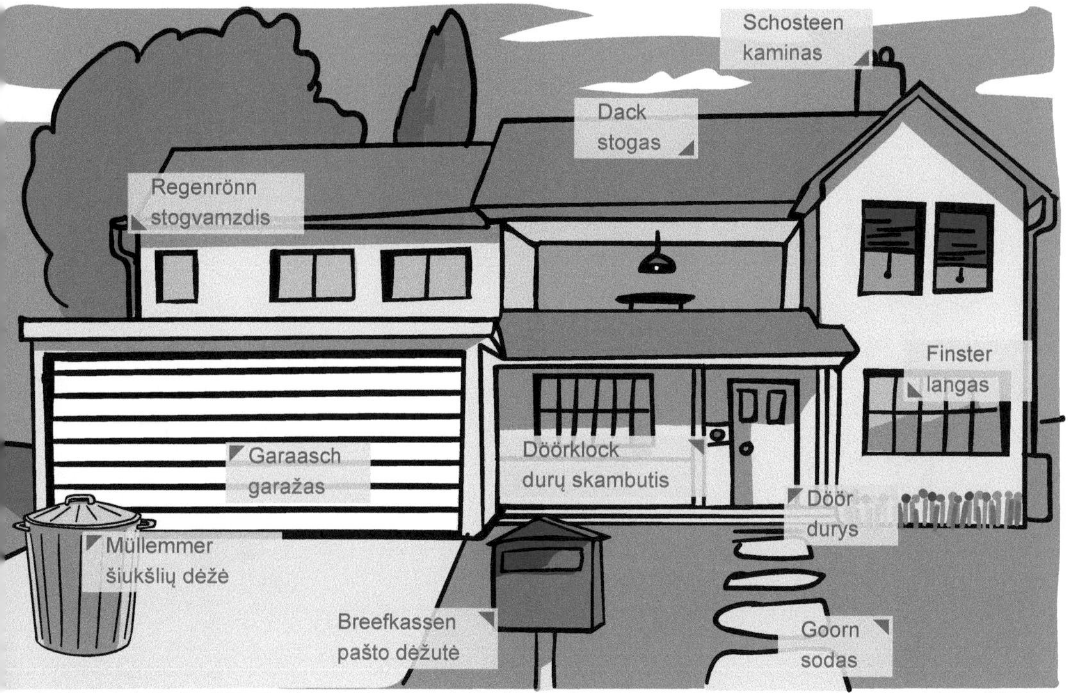

Schosteen
kaminas
Dack
stogas
Regenrönn
stogvamzdis
Finster
langas
Garaasch
garažas
Döörklock
durų skambutis
Döör
durys
Müllemmer
šiukšlių dėžė
Breefkassen
pašto dėžutė
Goorn
sodas

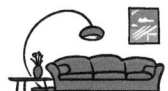

Wahnstuuv
svetainė

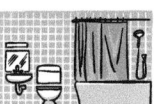

Baadstuuv
vonios kambarys

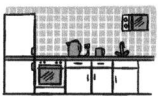

Köök
virtuvė

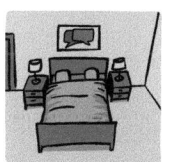

Slaapstuuv
miegamasis

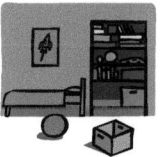

Kinnerstuuv
vaiko kambarys

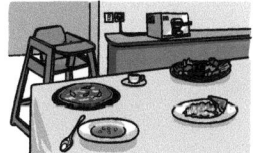

Eetstuuv
valgomasis

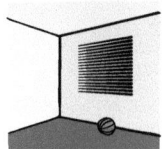

Footbodden

grindys

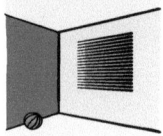

Wand

siena

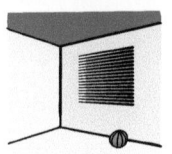

Deek

lubos

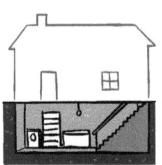

Keller

rūsys

Hittluftbad

sauna

Balkon

balkonas

Terrass

terasa

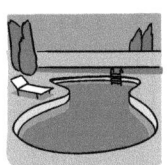

Swümmbad

baseinas

Rasenmeiher

žoliapjovė

Bettbetog

paklodė

Bettdeek

lovatiesė

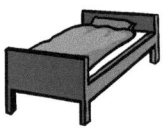

Puuch

lova

Bessen

šluota

Emmer

kibiras

Schalter

jungiklis

Wahnstuuv
svetainė

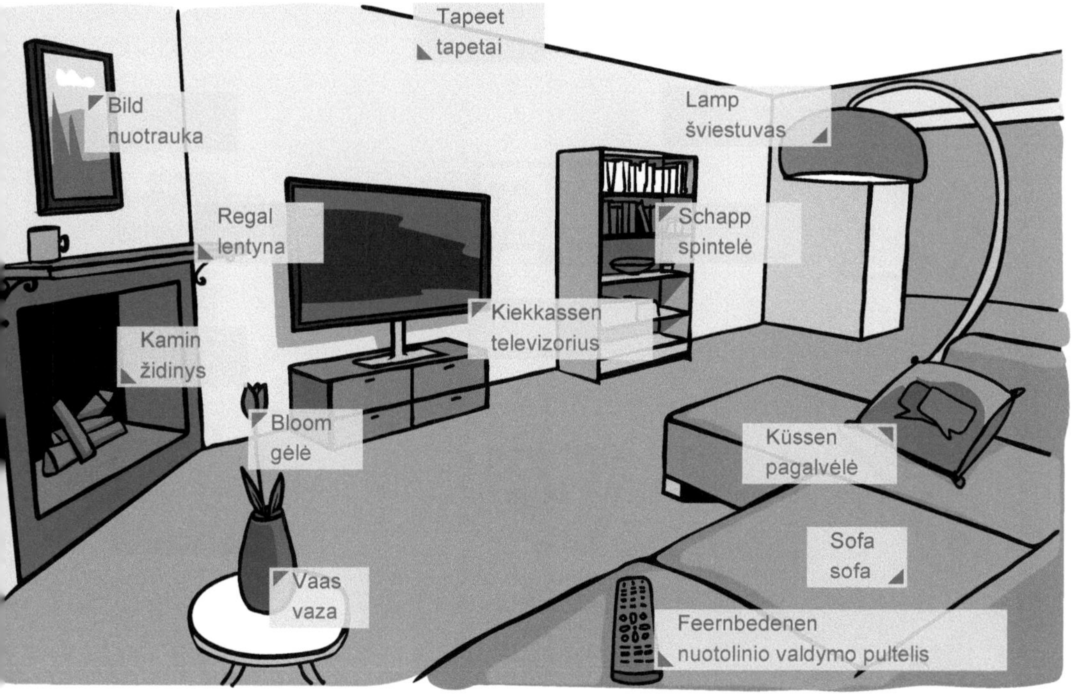

Tapeet
tapetai
Bild
nuotrauka
Lamp
šviestuvas
Regal
lentyna
Schapp
spintelė
Kiekkassen
televizorius
Kamin
židinys
Bloom
gėlė
Küssen
pagalvėlė
Sofa
sofa
Vaas
vaza
Feernbedenen
nuotolinio valdymo pultelis

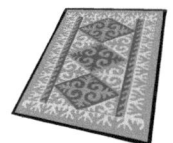

Teppich

kilimas

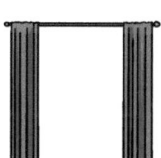

Vörhang

užuolaida

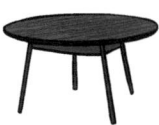

Disch

stalas

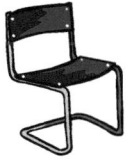

Stohl

kėdė

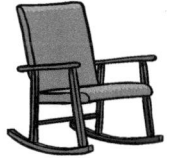

Schuckelstohl

supamasis krėslas

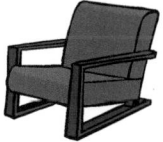

Sessel

fotelis

Book

knyga

Deek

antklodė

Dekoratschoon

papuošimai

Füerholt

malkos

Film

filmas

Stereoanlaag

stereo aparatūra

Slötel

raktas

Narichtenblatt

laikraštis

Gemälde

paveikslas

Poster

plakatas

Radio

radijas

Opschrievblock

užrašų knygelė

Huulbessen

dulkių siurblys

Kaktus

kaktusas

Kars

žvakė

Köök
virtuvė

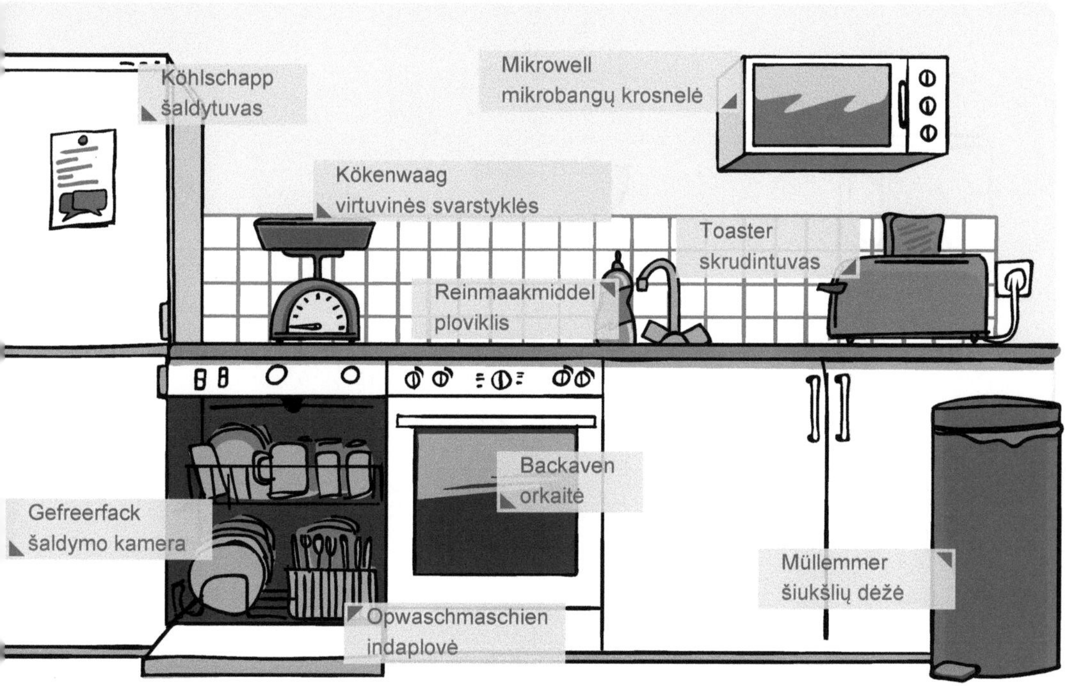
Köhlschapp
šaldytuvas
Mikrowell
mikrobangų krosnelė
Kökenwaag
virtuvinės svarstyklės
Toaster
skrudintuvas
Reinmaakmiddel
ploviklis
Backaven
orkaitė
Gefreerfack
šaldymo kamera
Müllemmer
šiukšlių dėžė
Opwaschmaschien
indaplovė

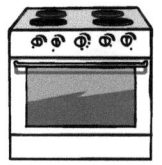

Heerd

viryklė

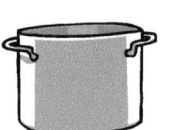

Pott

puodas

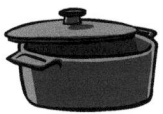

Gussiesern Putt

ketaus puodas

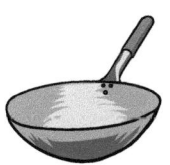

Wok / Kadai

„wok“ keptuvė

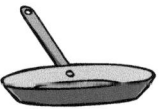

Pann

keptuvė

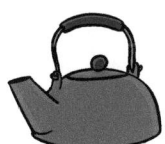

Waterkaker

virdulys

Dampkaakputt

garų puodas

Backblick

kepimo skarda

Geschirr

porceliano indai

Beker

puodelis

Schaal

dubuo

Eetsticken

valgomosios lazdelės

Suppenkell

samtis

Pannenwenner

mentelė

Sneebessen

plaktuvas

Kaakseef

koštuvas

Seef

sietas

Riev

trintuvė

Mörser

grūstuvė

Grill

kepsninė

Füerstell

atvira liepsna

Sniedbrett

pjaustymo lentelė

Nudelholt

kočėlas

Proppentrecker

kamščiatraukis

Doos

skardinė

Dosenaapner

skardinių atidarytuvas

Pottlappen

puodkėlė

Waschbecken

kriauklė

Böst

šepetys

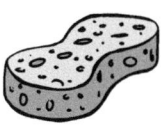

Swamm

kempinė

Mixer

trintuvas

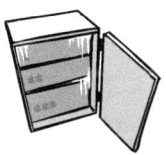

lesschapp

šaldiklis

Nuckelbuddel

kūdikių buteliukas

Waterhahn

čiaupas

Baadstuuv

vonios kambarys

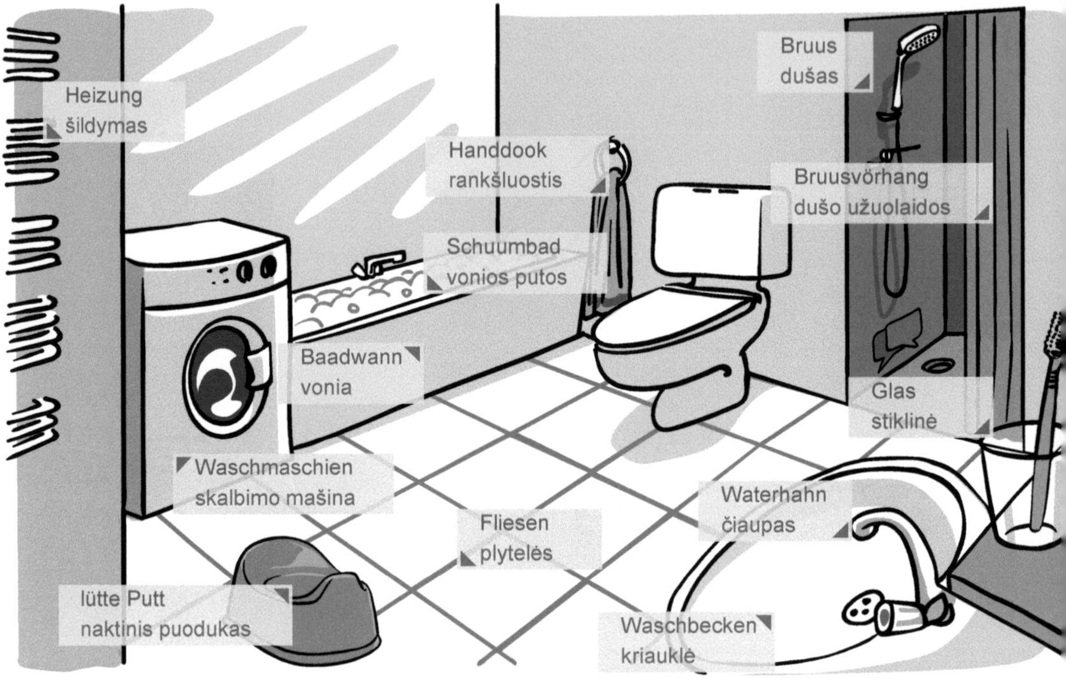

Heizung
šildymas
Bruus
dušas
Handdook
rankšluostis
Bruusvörhang
dušo užuolaidos
Schuumbad
vonios putos
Baadwann
vonia
Glas
stiklinė
Waschmaschien
skalbimo mašina
Waterhahn
čiaupas
Fliesen
plytelės
lütte Putt
naktinis puodukas
Waschbecken
kriauklė

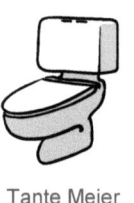

Tante Meier

unitazas

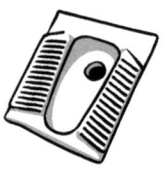

Hockklo

tupimasis unitazas

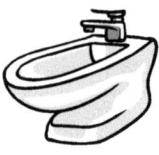

Bidet

bidė

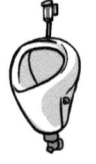

Miegbecken

pisuaras

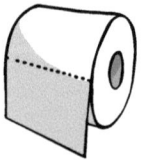

Klopapeer

tualetinis popierius

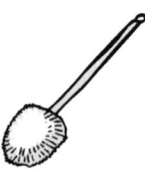

Kloböst

unitazo šepetys

Tähnböst

dantų šepetėlis

Tähnpast

dantų pasta

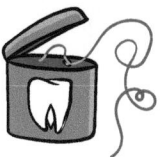

Tähnsied

dantų siūlas

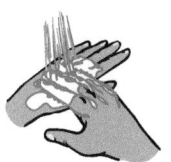

waschen

plauti

Handbruus

dušo galvutė

Intimbruus

higieninis dušas

Waschschöttel

praustuvas

Rüchböst

nugaros plaušinė

Seep

muilas

Bruusgeel

dušo želė

Hoorwaschmiddel

šampūnas

Waschlappen

plaušinė

Afloop

kanalizacija

Creme

kremas

Deodorant

dezodorantas

Spegel

veidrodis

Kosmetikspegel

veidrodėlis

Raserer

skustuvas

Raseerschuum

skutimosi putos

Raseerwater

losjonas po skutimosi

Kamm

šukos

Böst

šepetys

Hoordröger

plaukų džiovintuvas

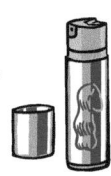

Hoorspray

plaukų lakas

Smink

makiažas

Lippensticken

lūpdažis

Nagellack

nagų lakas

Watt

vata

Nagelscheer

žirklutės nagams

Rüükwater

kvepalai

Kulturbüdel

maišelis skalbiniams

Schemel

taburetė

Waag

svarstyklės

Baadmantel

chalatas

Gummihanschen

guminės pirštinės

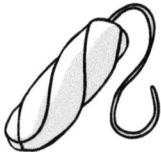

Tampon

tamponas

Damenbinn

higieninis įklotas

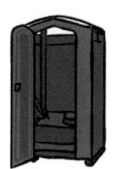

Chemieklo

biotualetas

Kinnerstuuv

vaiko kambarys

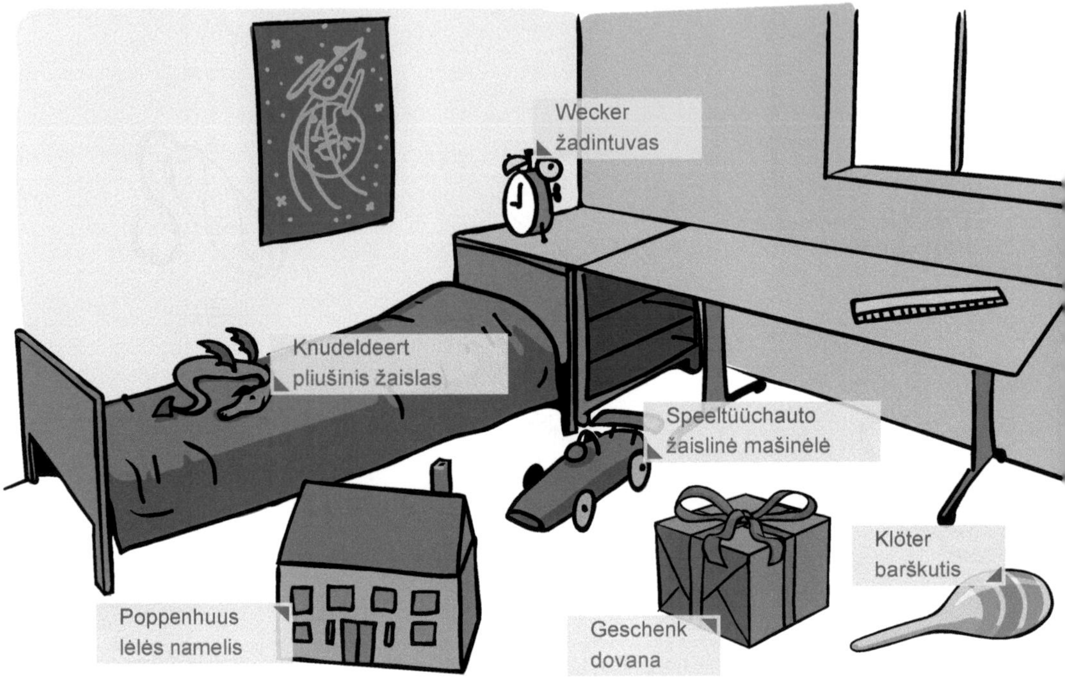

Wecker
žadintuvas
Knudeldeert
pliušinis žaislas
Speeltüüchauto
žaislinė mašinėlė
Klöter
barškutis
Poppenhuus
lėlės namelis
Geschenk
dovana

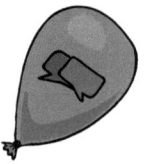

Luftballon

balionas

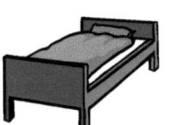

Puuch

lova

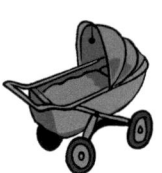

Kinnerwagen

vaikiškas vežimėlis

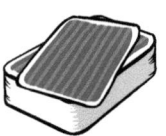

Koortenspeel

kortų malka

Puzzle

delionė

SUPER
MEGA

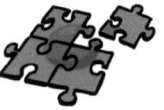

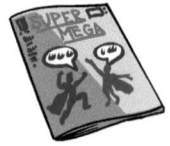

Billergeschicht

komiksai

Legostenen

lego kaladėlės

Bustenen

žaislinės kaladėlės

Action-Figur

figūrėlė

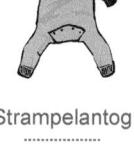

Strampelantog

šliaužtinukai

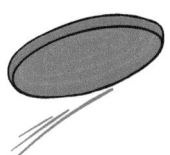

Frisbeeschiev

mėtymo lėkštė

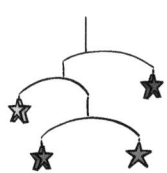

Mobile

karuselė

Brettspeel

stalo žaidimas

Wörpel

kauliukai

Modelliesenbahn

žaislinis traukinys

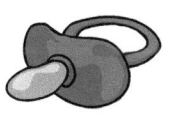

Snuller

žindukas

Party

vakarėlis

Billerbook

paveiksliukų knygelė

Ball

kamuolys

Popp

lėlė

spelen

žaisti

Sandkassen

smėlio dėžė

Schuckel

sūpynės

Speeltüüch

žaislai

Speelkonsool

žaidimų konsolė

Dreerad

triratukas

Teddyboor

meškiukas

Klederschapp

drabužių spinta

Tüüch

drabužis

Socken

kojinės

Strümp

kojinės virš kelių

Strumpbüx

pėdkelnės

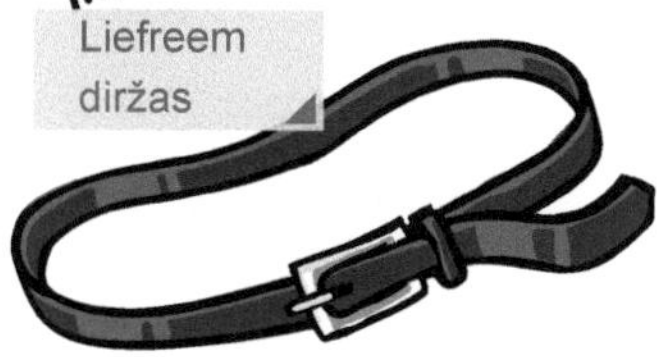

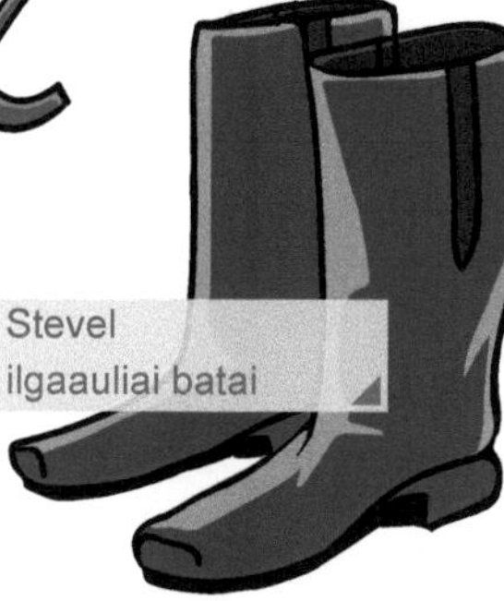

Halsdook
šalikas

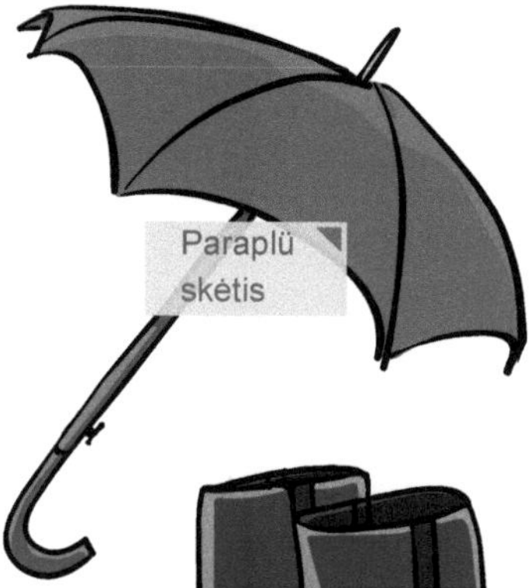

Liefreem
diržas

Paraplü
skétis

T-Shirt
marškinéliai

Turnschoh
sportbačiai

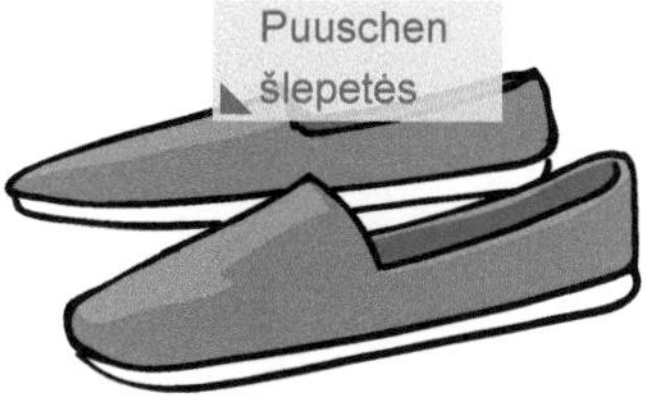

Stevel
ilgaauliai batai

Puuschen
šlepetés

Sandalen
sandalai

Schoh
batai

Gummistevel
guminiai batai

Ünnerbüx
trumpikés

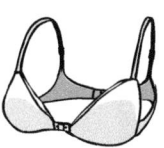

Bostholler
liemenélé

Ünnerhemd
liemené

Tüüch - drabužis

Lief

glaustinukė

Büx

kelnės

Jeansnüx

džinsai

Rock

sijonas

Bluus

palaidinė

Hemd

marškiniai

Pullover

megztinis

Kapuzenpullover

megztinis su gobtuvu

Blazer

švarkelis

Jack

švarkas

Mantel

paltas

Övertrecker

lietpaltis

Kostüm

kostiumas

Kleed

suknelė

Hochtietskleed

vestuvinė suknelė

Tüüch - drabužis

Antog
kostiumas

Nachtkleed
naktiniai marškiniai

Slaapantog
pižama

Sari
saris

Koppdook
skarelė

Turban
tiurbanas

Burka
burka

Kaftan
kaftanas

Abaya
abaja

Baadantog
maudymosi kostiumėlis

Baadbüx
glaudės

Korte Büx
šortai

Antog to'n Öven
sportinis kostiumas

Schört
prijuostė

Handschoh
pirštinės

Knopp

saga

Brill

akiniai

Armband

apyrankė

Halskeed

vėrinys

Ring

žiedas

Ohrbummel

auskaras

Mütz

kepurė

Klederbögel

pakabas

Hoot

skrybėlė

Binner

kaklaraištis

Rietslüter

užtrauktukas

Helm

šalmas

Drachtband

breketai

Schooluniform

mokyklinė uniforma

Uniform

uniforma

Severböten

seilinukas

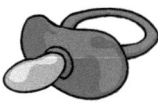

Snuller

žindukas

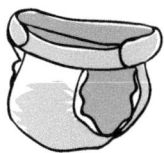

Winnel

vystyklai

Büro
biuras

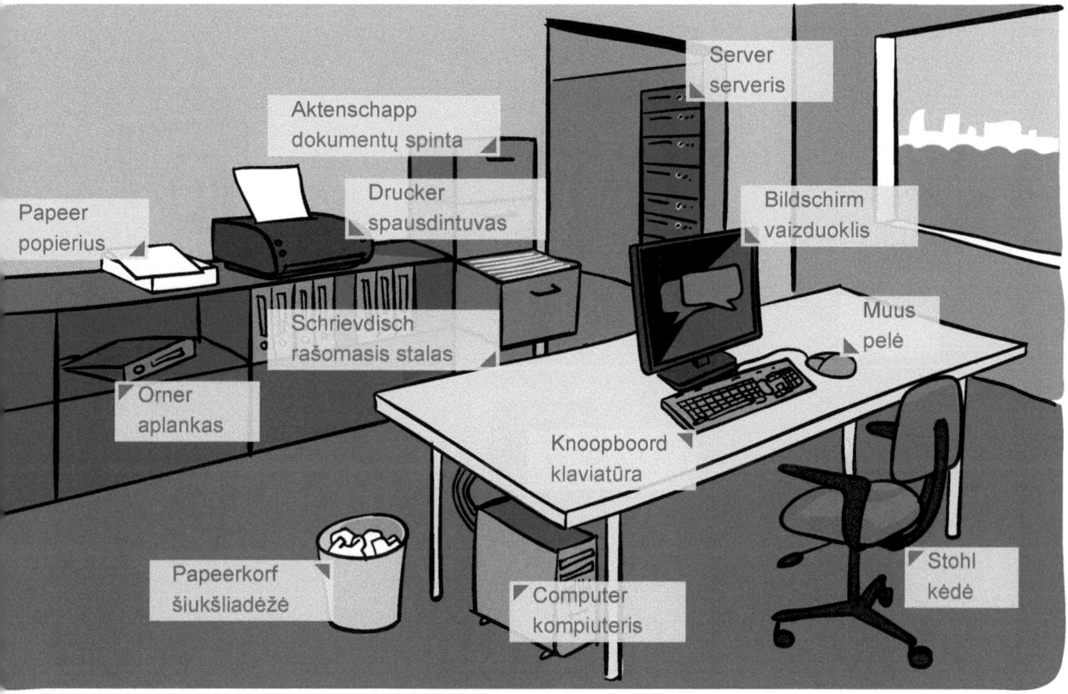

Server
serveris

Aktenschapp
dokumentų spinta

Drucker
spausdintuvas

Papeer
popierius

Bildschirm
vaizduoklis

Schrievdisch
rašomasis stalas

Muus
pelė

Orner
aplankas

Knoopboord
klaviatūra

Papeerkorf
šiukšliadėžė

Stohl
kėdė

Computer
kompiuteris

Koffiebeker

kavos puodelis

Taschenreekner

kalkuliatorius

Internet

internetas

Klappreekner

nešiojamasis kompiuteris

Breef

laiškas

Naricht

žinutė

Ackersnacker

mobilusis telefonas

Nettwark

tinklas

Kopeerapparat

fotokopijavimo aparatas

Software

programinė įranga

Klöönkassen

telefonas

Steekdoos

kištukinis lizdas

Faxapparat

faksas

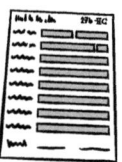

Formulor

forma

Dokument

dokumentas

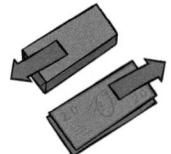

köpen
....
pirkti

betahlen
....
mokėti

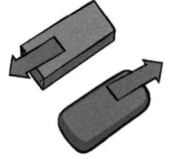

hanneln
....
prekiauti

Geld
....
pinigai

USD

Dollar
....
doleris

EUR

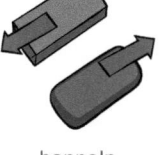

Euro
....
euras

JPY

Yen
....
jena

RUB

Ruvel
....
rublis

CHF

Swiezer Franken
....
Šveicarijos frankas

CNY

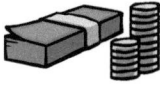

Renminbi Yuan
....
juanis

INR

Rupie
....
rupija

Geldautomat
....
bankomatas

Wesselstuuv

valiutos keitykla

Gold

auksas

Sülver

sidabras

Ööl

nafta

Energie

energija

Pries

kaina

Verdrag

sutartis

Stüer

mokestis

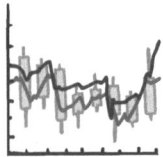

Andeelschien

akcijos

arbeiden

dirbti

Anstellte

darbuotojas

Arbeitgever

darbdavys

Fabrik

gamykla

Hökerie

parduotuvė

Profeschonen
profesijos

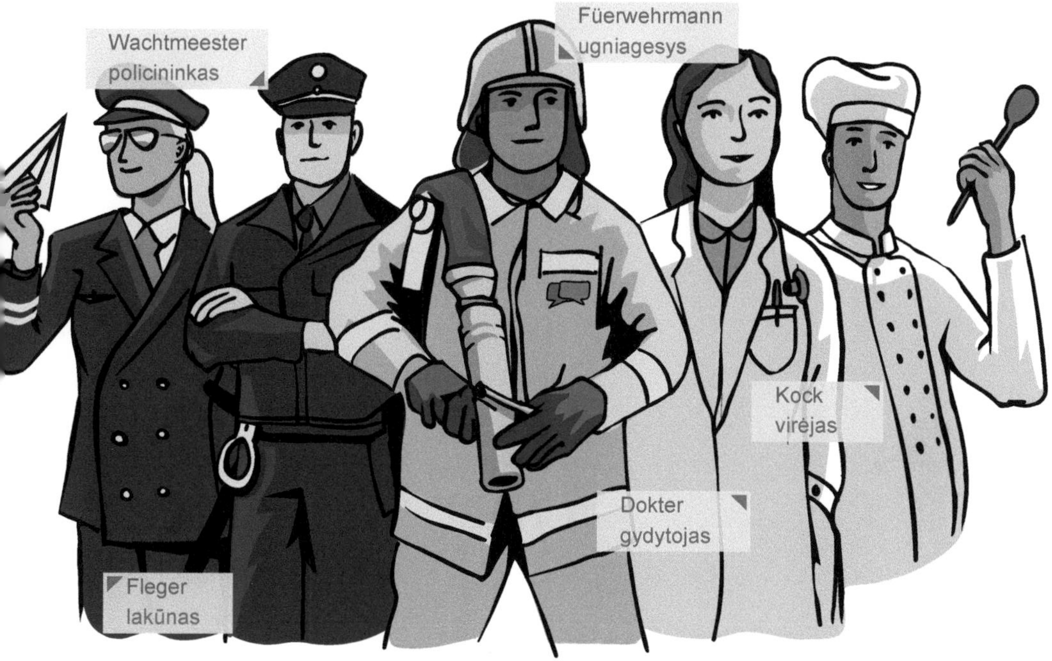
Wachtmeester
policininkas
Füerwehrmann
ugniagesys
Kock
virėjas
Dokter
gydytojas
Fleger
lakūnas

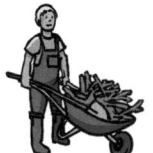

Goorner

sodininkas

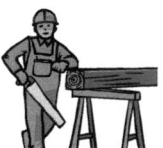

Discher

stalius

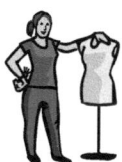

Neihersche

siuvėja

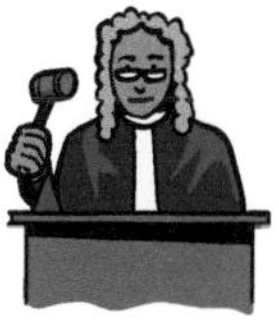

Richter

teisėjas

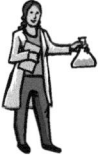

Chemiker

chemikas

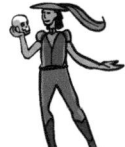

Schauspeler

aktorius

Busfohrer

autobuso vairuotojas

Taxifohrer

taksi vairuotojas

Fischer

žvejys

Reinmaakfru

valytoja

Dackdecker

stogdengys

Kellner

padavėjas

Jäger

medžiotojas

Maler

dailininkas

Bäcker

kepėjas

Elektriker

elektrikas

Buarbeider

statybininkas

Ingenieur

inžinierius

Slachter

mėsininkas

Klempner

santechnikas

Postbüdel

paštininkas

Suldat

kareivis

Architekt

architektas

Kasserer

kasininkas

Florist

gėlininkas

Putzbüdel

kirpėjas

Schaffner

konduktorius

Mechaniker

mechanikas

Kaptein

kapitonas

Tähndokter

odontologas

Wetenschopler

mokslininkas

Rabbi

rabinas

Imam

imamas

Mönk

vienuolis

Paap

kunigas

Warktüüch
įrankiai

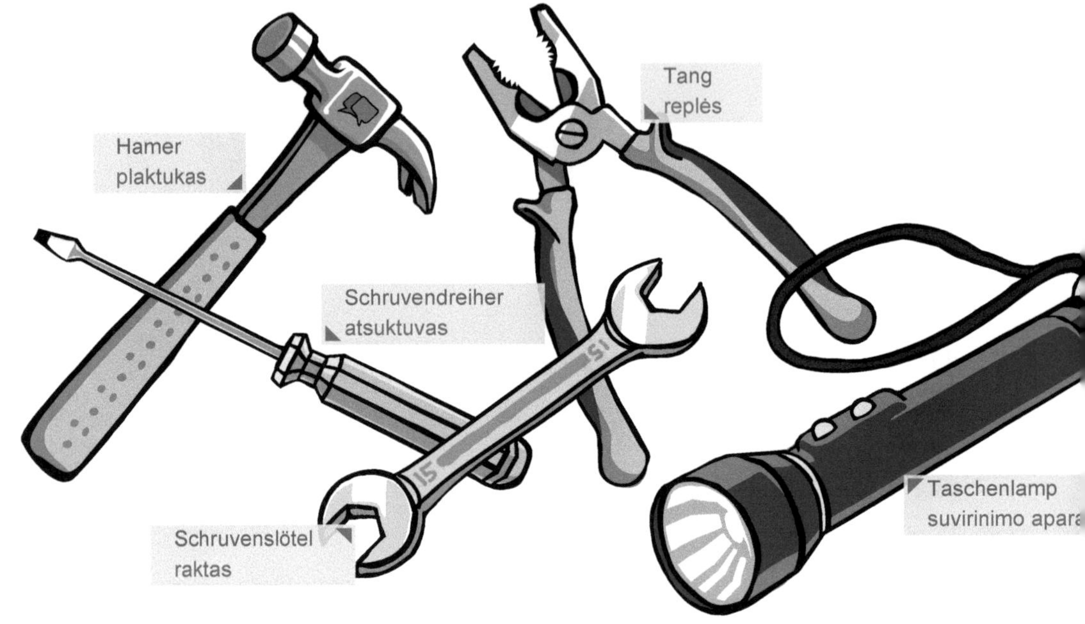
Tang
replės
Hamer
plaktukas
Schruvendreiher
atsuktuvas
Taschenlamp
suvirinimo apar
Schruvenslötel
raktas

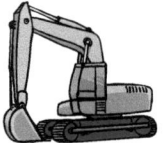

Grieper

ekskavatorius

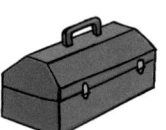

Warktüüchkassen

įrankių dėžė

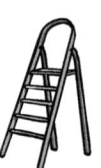

Ledder

kopėčios

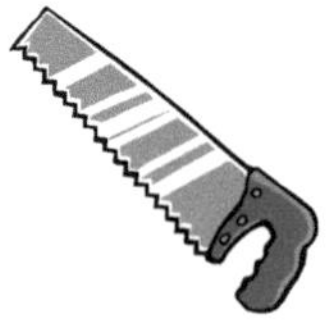

Saag

pjūklas

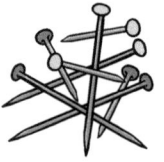

Nagels

vinys

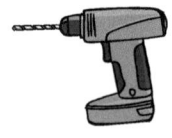

Bohrer

grąžtas

heelmaken
....
taisyti

Schüffel
....
kastuvas

Schiet!
....
Velniava!

Kehrblick
....
semtuvėlis

Farvpott
....
dažų skardinė

Schruven
....
varžtai

Musikinstrumenten
muzikos instrumentai

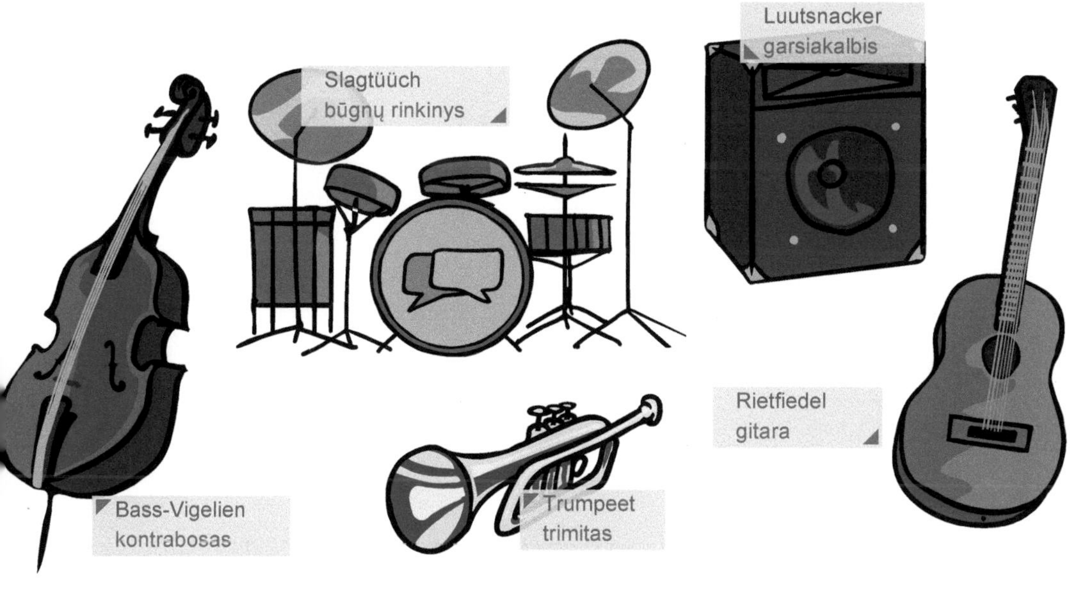

Slagtüüch
būgnų rinkinys

Luutsnacker
garsiakalbis

Bass-Vigelien
kontrabosas

Trumpeet
trimitas

Rietfiedel
gitara

Klaveer

pianinas

Vigelien

smuikas

Bass

bosinė gitara

Pauk

timpanas

Trummeln

būgnai

Keyboard

sintezatorius

Saxophon

saksofonas

Fleut

fleita

Mikrofoon

mikrofonas

Deertenpark
zoologijos sodas

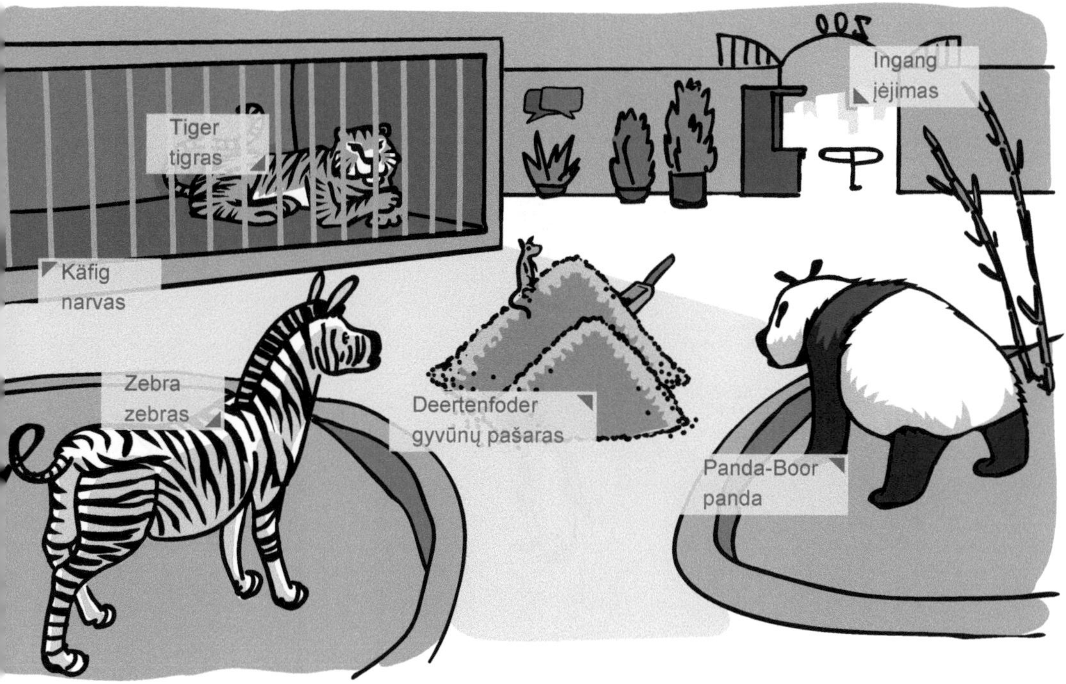

Tiger
tigras
Ingang
įėjimas
Käfig
narvas
Zebra
zebras
Deertenfoder
gyvūnų pašaras
Panda-Boor
panda

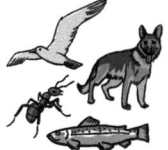

Deerten

gyvūnai

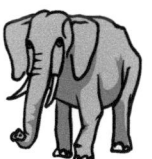

Elefant

dramblys

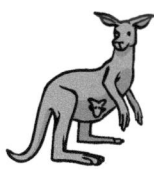

Känguru

kengūra

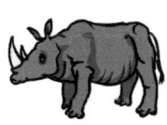

Neeshoorn

raganosis

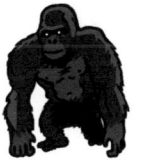

Gorilla

gorila

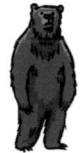

Boor

meška

Kameel

kupranugaris

Struuß

strutis

Lööv

liūtas

Aap

beždžionė

Flamingo

flamingas

Papagoi

papūga

Iesboor

baltoji meška

Pinguin

pingvinas

Haifisch

ryklys

Pageluun

povas

Slang

gyvatė

Krokodil

krokodilas

Oppasser in'n Deertenpark

zoologijos sodo prižiūrėtojas

Saalhund

ruonis

Jaguor

jaguaras

Pony

ponis

Leopard

leopardas

Nilpeerd

begemotas

Giraff

žirafa

Aadler

erelis

Wildswien

šernas

Fisch

žuvis

Schildkrööt

vėžlys

Walross

vėplys

Voss

lapė

Gazell

gazelė

Amerikaansch Football
amerikietiškas futbolas

Radfohren
dviračių sportas

Tennis
tenisas

Korfball
krepšinis

Swümmen
plaukimas

Boxen
boksas

Ieshockey
ledo ritulys

Football
futbolas

Fedderball
badmintonas

Leichtathletik
atletika

Handball
rankinis

Skilopen
slidinėjimas

Polo
polas

Aktivitäten
užsiėmimai

lachen
juoktis
springen
šokinėti
ümarmen
apkabinti
gahn
vaikščioti
singen
dainuoti
drömen
svajoti
beden
melstis
snuteln
bučiuoti

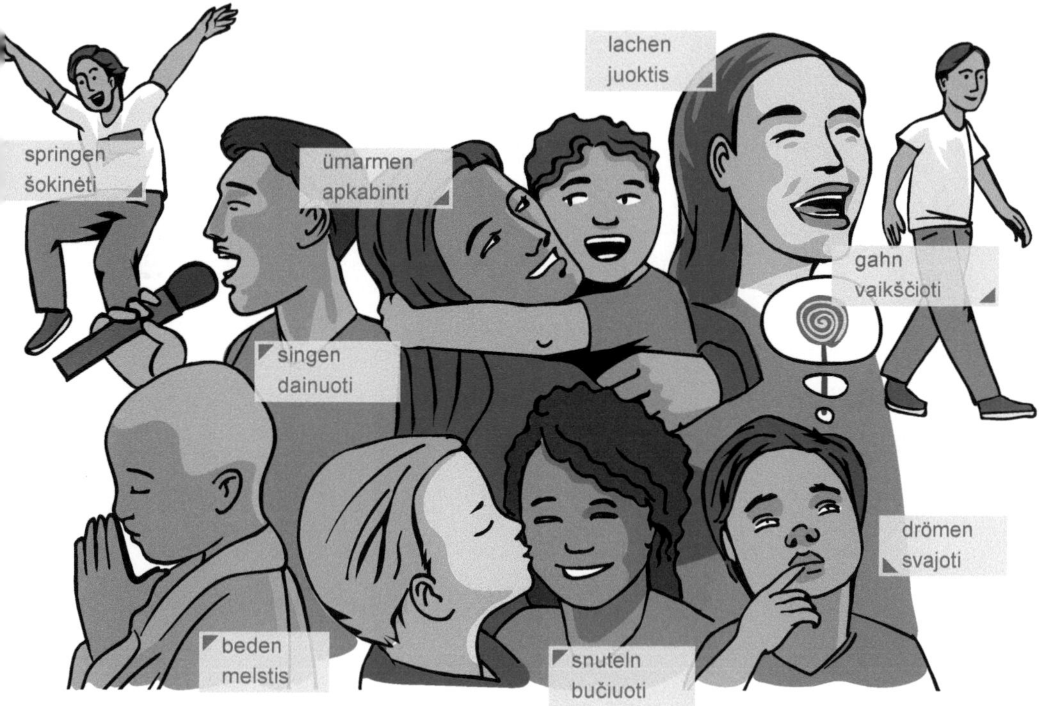

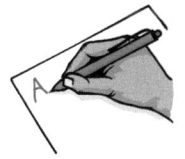

schrieven

rašyti

teken

piešti

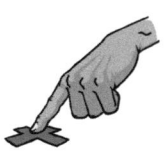

wiesen

rodyti

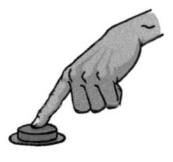

drücken

stumti

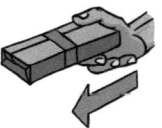

geven

duoti

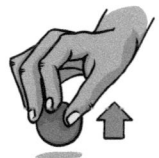

nehmen

imti

hebben

turėti

doon

daryti

sien

būti

stahn

stovėti

lopen

bėgti

trecken

traukti

smieten

mesti

fallen

kristi

liggen

meluoti

töven

laukti

dregen

nešti

sitten

sėdėti

antrecken

rengtis

slapen

miegoti

opwaken

pabusti

ankieken

žiūrėti

wenen

verkti

eien

glostyti

kämmen

šukuoti

snacken

kalbėti

verstahn

suprasti

fragen

paklausti

hören

klausytis

drinken

gerti

eten

valgyti

oprümen

tvarkytis

leefhebben

mylėti

kaken

gaminti

fohren

vairuoti

flegen

skristi

segeln

buriuoti

reken

skaičiuoti

lesen

skaityti

lehren

mokytis

arbeiden

dirbti

de Plünnen tohoopsmieten

vesti

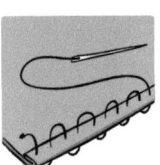

neihen

siūti

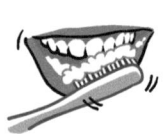

Tähnen putzen

valytis dantis

dootmaken

žudyti

smöken

rūkyti

schicken

siųsti

Familje

šeima

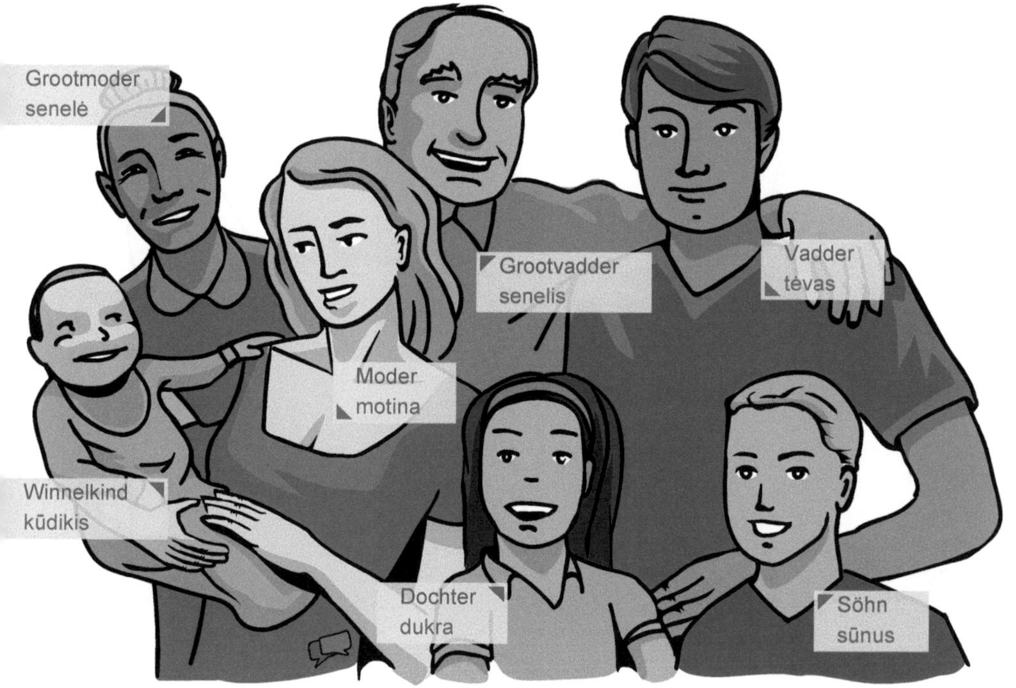
Grootmoder
senelė
Grootvadder
senelis
Vadder
tėvas
Moder
motina
Winnelkind
kūdikis
Dochter
dukra
Söhn
sūnus

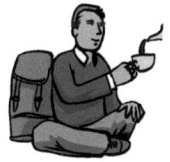

Gast

svečias

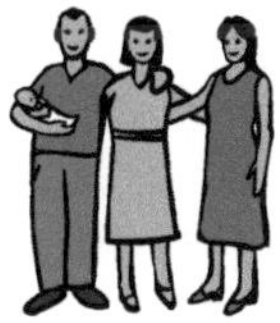

Tant

teta

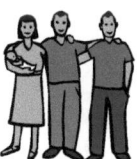

Unkel

dėdė

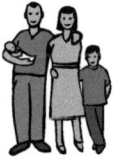

Broder

brolis

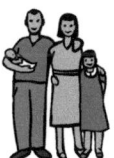

Süster

sesuo

Lief
kūnas

Vörkopp
kakta
Oog
akis
Schuller
petys
Finger
pirštas
Gesicht
veidas
Kinn
smakras
Hand
plaštaka
Been
koja
Bost
krūtinė
Arm
ranka

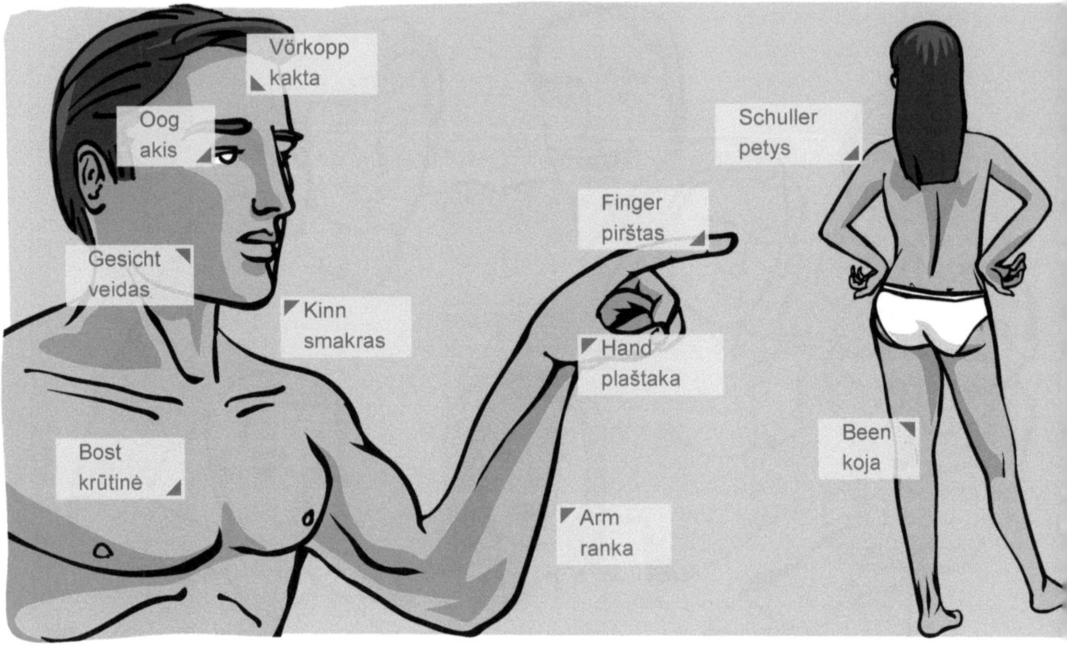

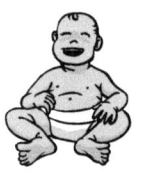

Winnelkind
kūdikis

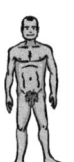

Mann
vyras

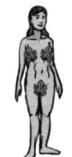

Fro
moteris

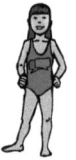

Deern
mergaitė

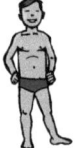

Jung
berniukas

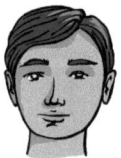

Arm
galva

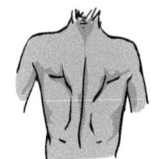

Rüch

nugara

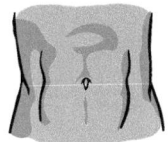

Buuk

pilvas

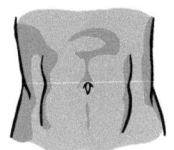

Navel

bamba

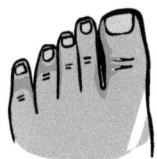

Teh

kojos pirštas

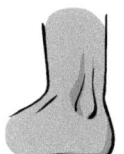

Hack

kulnas

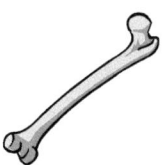

Knaken

kaulas

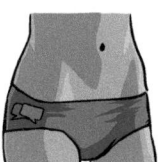

Hüft

klubas

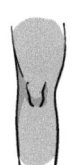

Knee

kelis

Ellbagen

alkūnė

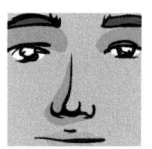

Nees

nosis

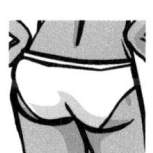

Achtersen

sėdmenys

Huut

oda

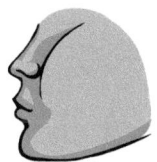

Back

skruostas

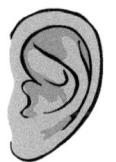

Ohr

ausis

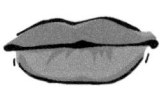

Lipp

lūpa

Mund

burna

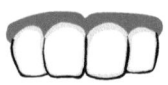

Tähn

dantis

Tung

liežuvis

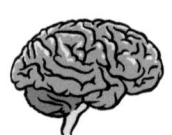

Bregen

smegenys

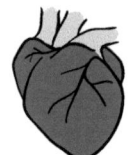

Hart

širdis

Muskel

raumuo

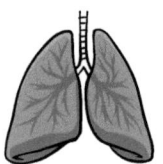

Lung

plaučiai

Lever

kepenys

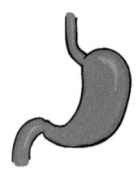

Maag

skrandis

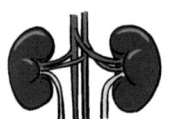

Neren

inkstai

Bislaap

seksas

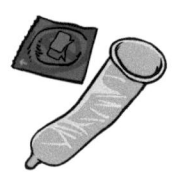

Kondoom

prezervatyvas

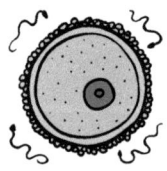

Eizell

kiaušialąstė

Sperma

sperma

Anner Ümstänn

nėštumas

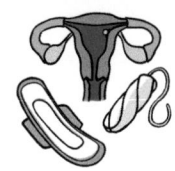

Menstruatschoon
menstruacijos

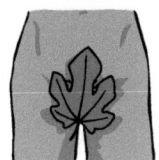

Scheed
makštis

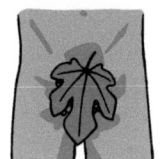

Pint
varpa

Ogenbroe
antakis

Hoor
plaukai

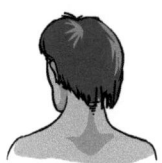

Hals
kaklas

Krankenhuus
ligoninė

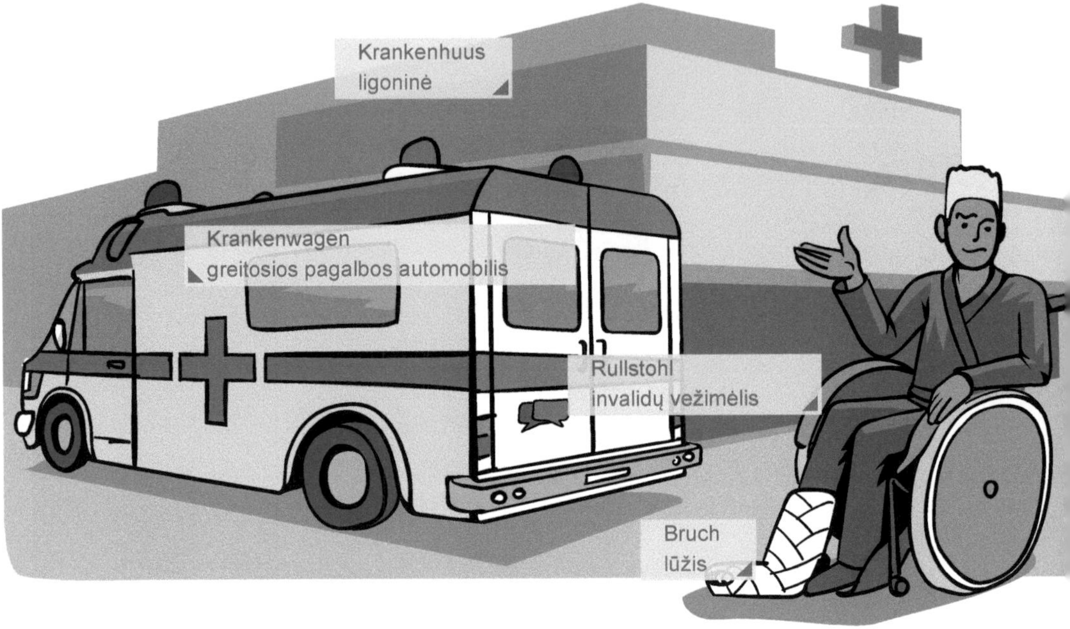

Krankenhuus
ligoninė
Krankenwagen
greitosios pagalbos automobilis
Rullstohl
invalidų vežimėlis
Bruch
lūžis

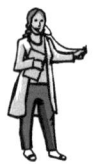

Dokter
gydytojas

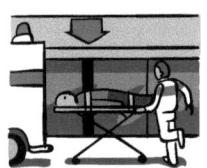

Nootopnahm
skubios pagalbos skyrius

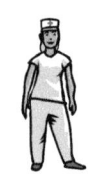

Krankensüster
slaugytoja

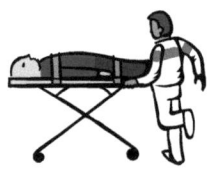

Nootfall
nelaimingas atsitikimas

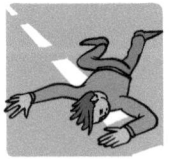

ahnmächtig
be sąmonės

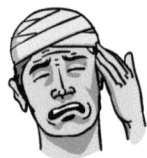

Wehdaag
skausmas

Verwunnen

sužalojimas

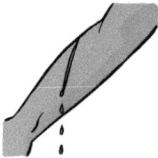

Blöden

kraujavimas

Hartinfarkt

širdies smūgis

Slaganfall

insultas

Allergie

alergija

Hoosten

kosulys

Fever

karščiavimas

Gripp

gripas

Dörchfall

viduriavimas

Koppwehdaag

galvos skausmas

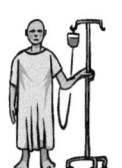

Kreeft

vėžys

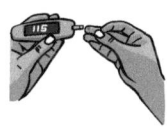

Zuckersüük

diabetas

Chirurg

chirurgas

Chirurgsch Mess

skalpelis

Operatschoon

operacija

CT

KT

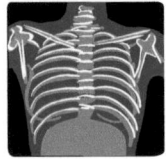

Dörchlüchten

rentgenas

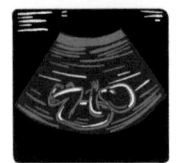

Ultraschall

ultragarsas

Mask

veido kaukė

Krankheit

liga

Töövruum

laukiamasis

Krück

ramentas

Plaaster

gipsas

Verband

tvarstis

Insprütten

injekcija

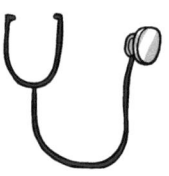

Stethoskop

stetoskopas

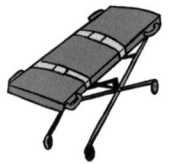

Draag

neštuvai

Feverthermometer

termometras

Geboort

gimimas

Övergewicht

antsvoris

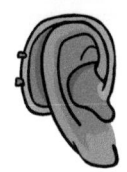

Höörapparat

klausos aparatas

Kiemfriemiddel

dezinfekavimo priemonė

Ansteken

infekcija

Virus

virusas

HIV / AIDS

ŽIV / AIDS

Heelmiddel

vaistas

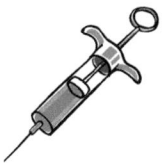

Impen

skiepijimas

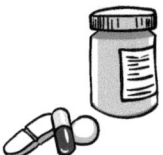

Tabletten

tabletės

Pill

piliulė

Nootroop

skubios pagalbos numeris

Blootdruck-Meter

kraujospūdžio matuoklis

krank / gesund

ligotas / sveikas

Hölp!

Padėkite!

Alarm

pavojaus signalas

Överfall

užpuolimas

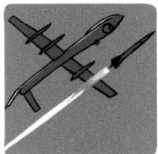

Angreep

ataka

Gefohr

pavojus

Nootutgang

avarinis išėjimas

Füer!

Gaisras!

Füerlöscher

gesintuvas

Unfall

nelaimingas atsitikimas

Noothölpkoffer

pirmosios pagalbos rinkinys

SOS

SOS

Polizei

policija

Europa

Europa

Noordamerika

Šiaurės Amerika

Süüdamerika

Pietų Amerika

Afrika

Afrika

Asien

Azija

Australien

Australija

Atlantik

Atlanto vandenynas

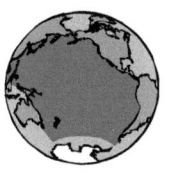

Pazifik

Ramusis vandenynas

Indisch Weltmeer

Indijos vandenynas

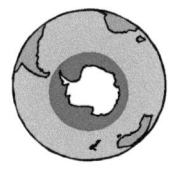

Antarktisch Weltmeer

Pietų vandenynas

Arktisch Weltmeer

Arkties vandenynas

Noordpol

Šiaurės ašigalis

Süüdpol

Pietų ašigalis

Antarktis

Antarktida

Eerd

Žemė

Land

sausuma

See

jūra

Eiland

sala

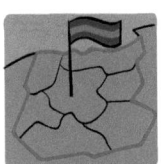

Natschoon

tauta

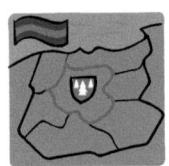

Staat

valstybė

Tallenblatt

ciferblatas

Stunnenwieser

valandinė rodyklė

Minutenwieser

minutinė rodyklė

Sekunnenwieser

sekundinė rodyklė

Wo laat is dat?

Kiek valandų?

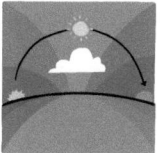

Dag

diena

Tiet

laikas

nu

dabar

digetaalsch Klock

skaitmeninis laikrodis

Minuut

minutė

Stunn

valanda

Week

savaitė

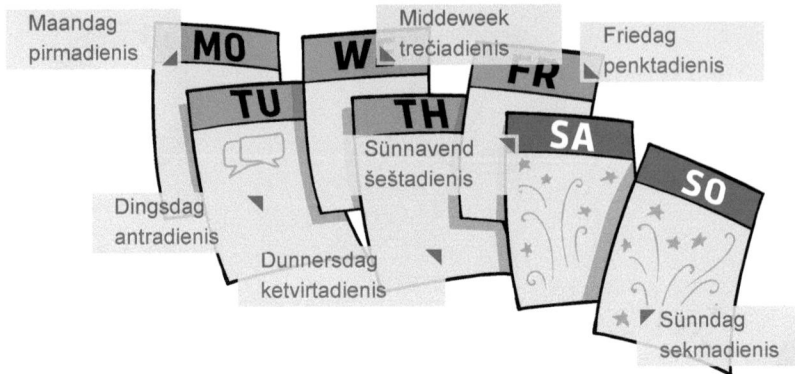

Maandag — pirmadienis
Dingsdag — antradienis
Middeweek — trečiadienis
Dunnersdag — ketvirtadienis
Friedag — penktadienis
Sünnavend — šeštadienis
Sünndag — sekmadienis

güstern
vakar

hüüt
šiandien

morgen
rytoj

Morgen
rytas

Meddag
vidurdienis

Avend
vakaras

MO	TU	WE	TH	FR	SA	SU
1	2	3	4	5	6	7
8	9	10	11	12	13	14
15	16	17	18	19	20	21
22	23	24	25	26	27	28
29	30	31	1	2	3	4

Arbeitsdaag
darbo dienos

MO	TU	WE	TH	FR	SA	SU
1	2	3	4	5	6	7
8	9	10	11	12	13	14
15	16	17	18	19	20	21
22	23	24	25	26	27	28
29	30	31	1	2	3	4

Wekenenn
savaitgalis

Regen
lietus

Regenbagen
vaivorykštė

Wind
vėjas

Snee
sniegas

Fröhjohr
pavasaris

Sommer
vasara

Harvst
ruduo

Winter
žiema

4.APRIL	11°	☀
5.APRIL	4°	☁
6.APRIL	13°	☂
7.APRIL	8°	☀
8.APRIL	10°	☀

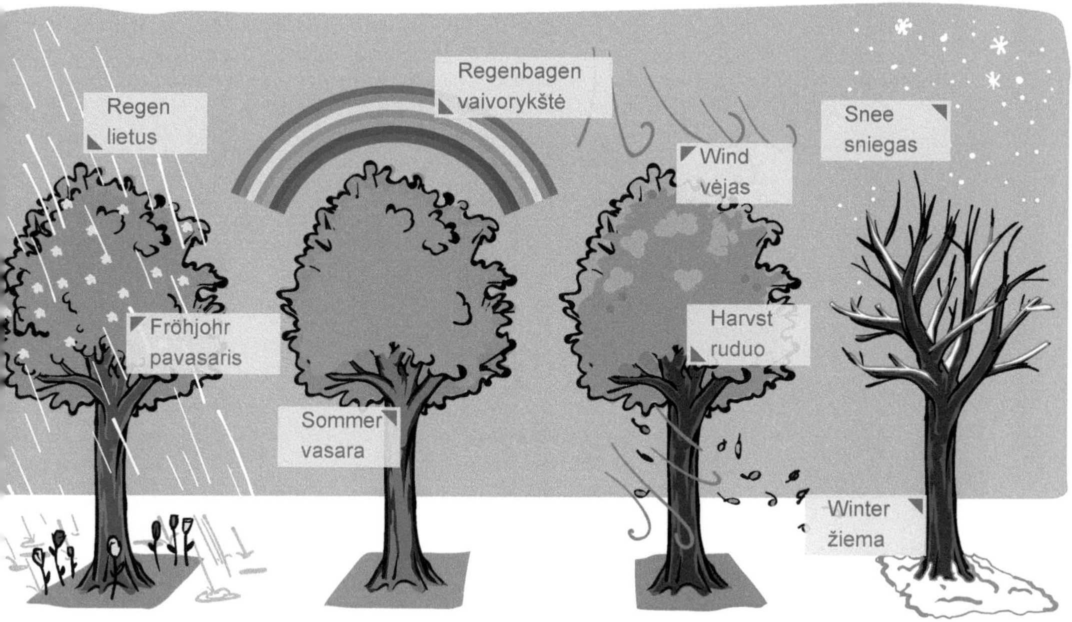

Wedervörhersaag

orų prognozė

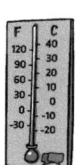

Thermometer

lauko termometras

Sünnenschien

saulės šviesa

Wulk

debesis

Nevel

rūkas

Luftfuchtigkeit

drėgmė

Blitz

žaibas

Dunner

griaustinis

Storm

audra

Hagel

kruša

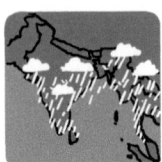

Monsun

musonas

Floot

potvynis

Ies

ledas

Januormaand

sausis

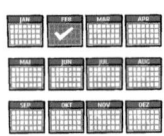

Februormaand

vasaris

Martmaand

kovas

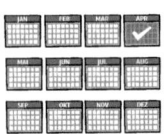

Aprilmaand

balandis

Maimaand

gegužė

Junimaand

birželis

Julimaand

liepa

Augustmaand

rugpjūtis

Septembermaand
rugsėjis

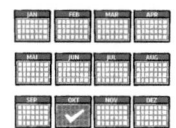

Oktobermaand
spalis

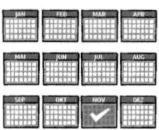

Novembermaand
lapkritis

Dezembermaand
gruodis

Formen
formos

Krink
apskritimas

Quadrat
kvadratas

Rechteck
stačiakampis

Dreeeck
trikampis

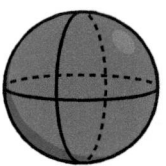

Kugel
sfera

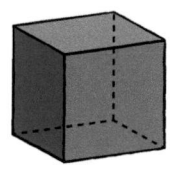

Wörpel
kubas

witt

balta

geel

geltona

orangsch

oranžinė

pink

rožinė

root

raudona

lila

violetinė

blau

mėlyna

gröön

žalia

bruun

ruda

gries

pilka

swart

juoda

priešingos reikšmės žodžiai

veel / wenig

daug / mažai

böös / verdreeglich

piktas / ramus

smuck / mies

gražus / bjaurus

Begünn / Enn

pradžia / pabaiga

groot / lütt

didelis / mažas

hell / düüster

šviesus / tamsus

Broder / Süster

brolis / sesuo

schier / schietig

švarus / purvinas

kumpleet / nich kumpleet

užbaigtas / neužbaigtas

Dag / Nacht

diena / naktis

doot / lebennig

miręs / gyvas

breet / small

platus / siauras

geneetbor / nich geneetbor

valgomas / nevalgomas

böös / fründlich

piktas / malonus

fickerig / langwielt

linksmas / nuobodus

dick / dünn

storas / plonas

toeerst / toletzt

pirmiausia / paskiausia

Fründ / Fiend

draugas / priešas

vull / leddig

pilnas / tuščias

hart / week

kietas / minkštas

swoor / licht

sunkus / lengvas

Smacht / Döst

alkis / troškulys

krank / gesund

ligotas / sveikas

nich na't Recht / na't Recht

nelegalus / legalus

klook / dummerhaftig

protingas / kvailas

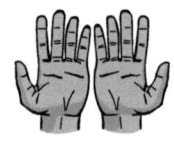

linkerhand / rechterhand

kairė / dešinė

neeg / feern

arti / toli

nieg / bruukt

naujas / naudotas

nix / wat

niekas / kažkas

oolt / jung

senas / jaunas

an / ut

įjungta / išjungta

apen / slaten

atidaryta / uždaryta

lies / luut

tylus / garsus

riek / arm

turtingas / vargšas

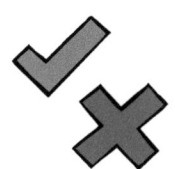

richtig / verkehrt

teisus / neteisus

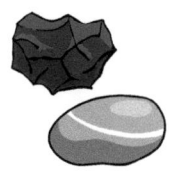

ruug / glatt

šiurkštus / švelnus

trurig / glücklich

liūdnas / laimingas

kort / lang

trumpas / ilgas

suutje / flink

lėtas / greitas

natt / dröög

drėgnas / sausas

warm / köhl

šiltas / šaltas

Krieg / Freden

karas / taika

0

null

nulis

1

een

vienas

2

twee

du

3

dree

trys

4

veer

keturi

5

fief

penki

6

söss

šeši

7

söven

septyni

8

acht

aštuoni

9

negen

devyni

10

teihn

dešimt

11

ölven

vienuolika

12

twölf

dvylika

13

dörteihn

trylika

14

veerteihn

keturiolika

15

föffteihn

penkiolika

16

sössteihn

šešiolika

17

söventeihn

septyniolika

18

achtteihn

aštuoniolika

19

negenteihn

devyniolika

20

twintig

dvidešimt

100

hunnert

šimtas

1.000

dusend

tūkstantis

1.000.000

million

milijonas

Spraken
kalbos

Engelsch
anglų

Amerikaansch Engelsch
amerikiečių anglų

Chineesch Mandarin
kinų (mandarinų)

Hindi
hindi

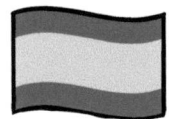

Spaansch
ispanų

Franzöösch
prancūzų

Araabsch
arabų

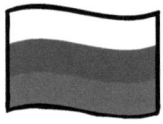

Rusch
rusų

Portugiesch
portugalų

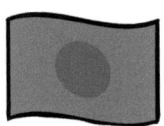

Bengaalsch
bengalų

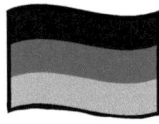

Düütsch
vokiečių

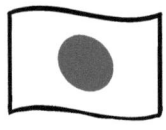

Japaansch
japonų

ik
....
aš

du
....
tu

he / se / dat
....
jis / ji

wi
....
mes

ji
....
jūs

se
....
jie

keen?
....
kas?

wat?
....
ką?

woans?
....
kaip?

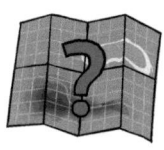

woneem?
....
kur?

wannehr?
....
kada?

Naam
....
vardas

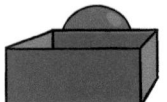

achter

už

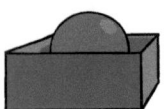

in

kur (vieta)

vör

priešais

över

virš

op

ant

ünner

po

blangen

prie

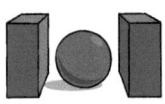

twüschen

tarp

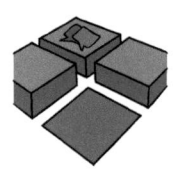

Oort

vieta